(漢)鄭　玄　注
(唐)賈公彦　疏

宋本周禮疏

第七册

國家圖書館出

第七册目録

周禮疏卷第二十二

唐朝散大夫行大學博士弘文館學士臣賈公彥等撰

司尊彝掌六尊六彝之位詔其酌辨其用與其實 釋曰此經與下文爲目直云六彝六尊案下兼有罍尊不言者文略也 注位所陳之處酌沛之使可酌各異也用四時祭祀所用亦不同實鬱及醴齊之屬 釋曰云位所陳之處者此下經不見陳尊之處案禮運云玄酒在室醴醆在戶齊醍在堂彼是禘祭陳四齊此下祫祭陳二齊設尊亦依此也云酌沛之使可酌各異也若此下文鬱齊獻酌醴齊縮酌之等是各異也云用四時祭祀所用亦不同者即下文春祠夏禴已下所用不同是也云實鬱及醴齊之屬者醴齊之中有三酒也 春祠夏禴祼用雞彝鳥彝皆有

有舟其朝踐用兩獻尊其再獻用兩象尊皆有
罍諸臣之所昨也秋嘗冬烝祼用斝彝黄彝皆
有舟其朝獻用兩著尊其饋獻用兩壺尊皆有
罍諸臣之所昨也凡四時之間祀追享朝享祼
用虎彝蜼彝皆有舟其朝踐用兩大尊其再獻
用兩山尊皆有罍諸臣之所昨也 釋曰此六者皆據宗廟之祭但春夏
同陽秋冬同陰其追享朝享又是四時之間祀以類附從
故可同尊也彝與齊尊各用二者欝鬯與齊皆配以明水
三酒配以玄酒故禮記郊特牲云祭齊加明水三酒加玄
酒依鄭志云一雞彝盛明水鳥彝盛欝鬯是以各二尊疊

尊不言數者禘祫與時祭追享朝享等皆同用三酒不別
數可知也若然依酒正云大祭祀備五齊據大祫通鬱鬯
與三酒并配尊則尊有十八禘祭四齊闕二尊則尊有十
六此經時祭二齊闕六尊則尊十有二矣其祫在秋禘在
夏則用當時尊重用取足而已此經彝下皆云舟尊與罍
下皆不云所承之物則無物矣故禮器云天子諸侯廢禁
其此之謂也

注祼謂以圭瓚酌鬱鬯始獻尸也后於是以璋瓚
酌亞祼郊特牲曰周人尚臭灌用鬯臭鬱合鬯
臭陰達於淵泉灌以圭璋用玉氣也既灌然後迎牲致陰
氣也朝踐謂薦血腥酌醴始行祭事后於是薦朝事之豆
籩既又酌獻其變朝踐爲朝獻者尊相因也朝獻謂尸卒
食王酳之再獻者王酳尸之後后酌亞獻諸臣爲賓又次
后酌盎齊備卒食三獻也於后亞獻內宗薦加豆籩其變
再獻爲饋獻者亦尊相因饋獻謂薦孰時后於是薦饋食
之豆籩此凡九酌王及后各四諸臣一祭之正也以今祭
禮特牲少牢言之二祼爲奠而尸飲七矣王可以獻諸臣

祭統曰尸飲五君洗玉爵獻卿是其差也明堂位曰灌用
玉瓚大圭爵用玉琖加用璧角璧散又鬱人職曰受舉斝
之卒爵而飲之則王酳尸以玉爵也王酳尸用玉爵而再
獻者用璧角璧散可知也雞彝鳥彝謂刻而畫之爲雞鳳
皇之形皆有舟皆有罍言春夏秋冬及追享朝享有之同
昨讀爲酢字之誤也諸臣獻者酌罍以自酢不敢與王之
神靈共尊鄭司農云舟尊下臺若今時承槃獻讀爲犧犧
尊飾以翡翠象尊以象鳳皇或曰以象骨飾尊明堂位曰
犧象周尊也春秋傳曰犧象不出門尊以裸神罍臣之所
飲也詩曰缾之罄矣維罍之恥斝讀爲稼稼彝畫禾稼也
黃彝黃目尊也明堂位曰夏后氏以雞彝殷以斝周以黃
目爾雅曰彝卣罍器也著尊者著略尊也或曰著尊著地
無足明堂位曰著殷尊也壺者以壺爲尊春秋傳曰尊以
魯壺追享朝享謂禘祫也在四時之間故曰間祀蜼讀爲
蛇虺之虺或讀爲公用射隼之隼大尊太古之瓦尊山尊
山罍也明堂位曰泰有虞氏之尊也山罍夏后氏之尊故

書餞作餞杜子春云餞當爲踐玄謂黃目以黃金爲目郊
特牲曰黃目鬱氣之上尊也黃者中也目者氣之清明者
也言酌於中而清明於外追享謂追祭遷廟之主以事有
所請禱朝享謂朝受政於廟春秋傳曰閏月不告朔猶朝
于廟蜼禺屬卬鼻而長尾山罍亦刻而畫之爲山雲之形
釋曰言祼謂以圭瓚酌鬱鬯始獻尸也者宗廟之祭先作
樂下神則大司樂云若樂九變人鬼可得而禮鄭注云先
奏是樂而祼焉是祼有二此言圭瓚者據王而言故鄭即
云后於是以璋瓚酌亞祼是也后祼之時內宰贊之故內
宰職云后祼獻則贊瑤爵亦如之若然非直贊祼而已至
於后之朝踐饋獻及酳用瑤爵皆贊之引郊特牲者證祼
以鬱鬯又用圭璋也云既灌然後迎牲致陰氣也者祼是
陰氣故郊特牲又云周人先求諸陰求諸陰灌是也此注
引郊特牲后亞王祼後王乃出迎牲案內宰注云王既祼
與此違者彼注取王事自相亞故先言王既祼出迎牲后
乃後祼其實以此注爲正也王出迎牲之時祝延尸向戶

外戶牖之間南面后於是薦朝事八豆八籩王迎牲入廟
卿大夫贊幣而從牲麗於碑王親殺大僕贊王牲事取血
以告殺取毛以告純解而腥之爲七體薦於神坐訖王以
玉爵酌醴齊以獻尸后亦以王爵酌醴齊以獻尸此謂經
朝踐用兩獻尊也禮器云郊血大饗腥則享祭宗廟無血
此云薦血腥者謂肉非謂如别薦血也云后於是薦朝事
之豆籩既又酌獻者先薦後獻祭禮也其實薦豆籩在王
獻前今在王獻後乃言后薦豆籩者鄭欲説王事訖乃説
后事故後言薦豆籩也云變朝踐言朝獻者尊相因也朝
獻謂尸卒食王酳之者此朝獻於經當秋冬之祭鄭既不
解春夏再獻先釋秋冬朝獻者以其朝獻是王酳尸因朝
踐之尊醴齊故鄭先通解之云再獻者王酳尸之後后酌
盎獻諸臣爲賓又次后酌盎齊備卒食三獻也者此言再
獻即經春夏之祭云再獻用兩象尊尸食後陰厭王酳尸
后與賓長爲再獻此亦在饋獻後先言再獻者后與賓酳
尸因饋獻盎齊之尊故變饋獻云再獻云内宗薦加豆籩

者案醢人及籩人有朝事之豆籩有饋食之豆籩有加豆
籩之實故鄭於此取朝事當朝踐節饋食當饋獻節食後
重加故加豆加籩當酳尸節案内宰職云賛后薦加豆籩
故知内宗薦之云其變再獻爲饋獻者亦尊相因饋獻謂
薦熟時者此言饋獻當經秋冬祭之節其春夏言再獻至
此秋冬言饋獻據文爲先後故云變再獻言饋獻其實先
饋獻後再獻也以其饋獻在朝踐後亦在當尸未入室再
獻是王酳尸後節也是以云饋獻謂薦熟時也此即禮運
云熟其殽鄭注云體解而爓之是也云后於是薦饋食之
豆籩者此即醢人籩人饋食之豆籩者也云此凡九酌王
及后各四諸臣一者九謂王及后祼各一朝踐各一饋獻
各一酳尸各一是各四也諸臣酳尸一并前八爲九云祭
之正也者此九獻是正獻案特牲少牢仍有衆賓長兄弟
之長嗣子舉奠上利洗散爲加獻彼並非正故此云祭之
正也云以今祭禮特牲少牢言之者天子諸侯祭禮亡雖
檢禮記及周禮而言其文不具故取特牲少牢見在禮而

言以其特牲少牢惟有酳尸後三獻天子諸侯酳尸後亦
三獻與彼同故取以爲説也云二祼爲奠而尸飲七矣王
可以獻諸臣者王獻諸臣無文此又約祭統而言故即引
祭統曰尸飲五君洗玉爵獻卿是其差也者彼據侯伯禮
宗廟七獻二祼爲奠不飲朝踐已後有尸飲五獻卿即天
子與上公同九獻二祼爲奠不飲是尸飲七可以獻諸臣
若然子男五獻者二祼爲奠不飲是尸飲三可以獻卿故
鄭云是其差皆當降殺以兩大夫士三獻無二祼直有酳
尸三獻獻祝是也云明堂位曰灌用玉瓚大圭爵用玉琖
加用璧角璧散者彼賜魯侯祭周公用天子之禮故以爲
證言灌用玉瓚者謂以玉飾瓚以大圭爲柄此大圭非謂
玉人大圭長三尺者直是以圭爲柄謂之大圭也爵用玉
琖者謂君與夫人朝踐饋獻時所用獻也加用璧角璧散
者此即内宰所云瑶爵一也以瑶玉爲璧形以飾角散爵
是通名故得瑶爵璧角璧散之名也又鬱人職曰受舉斝
之卒爵而飲之者引之欲證王酳尸與前同用玉爵之意

也云則王酳尸以玉爵也王酳尸用玉爵而再獻者用璧
角璧散可知也者再獻謂后與諸臣亦以明堂位云爵用
玉琖加用璧角璧散差之推次可知也云雞彝鳥彝謂刻
而畫之爲雞鳳皇之形者案尚書云鳴鳥之不聞彼鳴鳥
是鳳皇則此鳥亦是鳳皇故云畫雞鳳皇之形也云皆有
舟皆有罍言春夏秋冬及追享朝享有之同者即文自具
故知有之同也云昨讀曰酢者主人主婦賓長獻尸皆有
酢榮不得爲昨日之字故從酬酢之字也云諸臣獻者酌
罍以自酢不敢與王之神靈共尊者王酳尸因朝踐之尊
醴齊尸酢王還用醴齊后酳尸用饋獻之尊盎齊尸酢后
還用盎齊以王與后尊得與神靈共尊今賓長臣卑酳尸
雖得與后同用盎及尸酢賓長即用罍尊三酒之中清酒
以自酢是不敢與王之神靈共酒尊故也鄭司農云舟尊
下臺若今時承槃者漢時酒尊下槃象周時尊下有臺故
舉以爲況也云獻讀爲犧犧尊飾以翡翠者翡赤翠青爲
飾象尊以鳳皇此二者於義不安故更解以象骨飾尊此

義後鄭從之其云飾以翡翠後鄭猶不從之矣引明堂位
犧象周尊也者證飾尊有非周制者引春秋傳者是左氏
定十年夾谷之會孔子之言引之者證犧象是祭祀之尊
不合爲野饗之義也云尊以祼神者司農解犧象不出門
之意其實獻尸而云祼神者尸神象尸飲即是祼神若云
舉觴賜灌之類非謂二灌用鬱鬯也云罍臣之所飲也者
經云皆有罍諸臣之所酢故知諸臣所飲者也引詩者證
罍是酒尊之義云斝讀爲稼稼彝畫禾稼也者以諸尊皆
異物爲飾今云斝於義無取故破從稼也云黃彝黃目尊
也者依明堂位文引明堂位皆證雞彝是夏法斝彝是殷
法黃彝是周法引爾雅者欲見此經有彝爲上卣即犧象
之屬爲中罍爲下與爾雅同也云著尊者著略尊也者義
不安云著地無足於義是也云春秋傳者昭十五年左傳
云六月乙丑王太子壽卒秋八月戊寅王穆后崩十二月
晉荀躒如周葬穆后籍談爲介以文伯宴尊以魯壺是其
義也引之者證壺是祭祀酒尊司農云追享朝享謂禘祫

也在四時之閒故曰閒祀者案大宗伯祫禘在四時之上
嘗如酒正大祭祀備五齊何得在四時之下故後鄭不從
也鄭司農讀蜼爲蛇虺之虺或讀爲公用射隼之隼者無
所依據故後鄭皆不從也又云大尊大古之瓦尊者此[illegible]
有虞氏之大尊於義是也故皆以明堂位爲證也云謂黃
目以黃金爲目者無正文鄭以目既爲眼目黃又與黃金
字同故爲黃金釋之也引郊特牲者解黃目之義也云追
享謂追祭遷廟之主以事有所請禱者此追享知祭遷廟
主者案祭法云去廟爲壇去壇爲墠壇墠有禱焉祭之無
禱乃止是追祭遷廟之主故知也云朝享爲朝受政於廟
者謂天子告朔於明堂因即朝享朝享即祭法謂之月祭
故祭法云考廟王考廟皇考廟顯考廟祖考廟皆月祭之
二祧享嘗乃止諸侯告朔於大廟因即朝享祭法云諸侯
考廟王考廟皇考廟皆月祭之顯考祖考享嘗乃止告朔
天子用牛諸侯用羊月祭皆大牢也春秋傳者文公六年
左氏傳云閏月不告朔猶朝于廟若然天子告朔於明堂

則是天子受政於明堂而云受政于廟者謂告朔自是受十二月政令故名明堂爲布政之宮以告朔訖因即朝廟亦謂之受政但與明堂受朔別也春秋者彼譏廢大行小引之者見告朔與朝廟別謂若不郊猶三望與郊亦別也云蜼禺屬卬鼻而長尾者案雞彝鳥彝相配皆爲鳥則虎彝蜼彝相配皆爲獸故爾雅在釋獸中爾雅云蜼禺屬彼注云蜼似獼猴而大黃黑色尾長數尺似獺尾末有歧鼻露向上雨即自懸於樹以尾塞鼻或以兩指今江東人亦取養之爲物捷健云山罍亦刻而畫之爲山雲之形者罍之字於義無所取字雖與雷別以聲同故以雲雷解之以其雷有聲無形但雷起於雲雲出於山故本而釋之以爲刻畫山雲之形也異義第六罍制韓詩說金罍大器天子以玉諸侯大夫皆以金士以梓古毛說罍器諸臣之所酢人君以黃金飾尊大一石金飾口目蓋取象雲雷之象[illegible]案韓詩說天子以玉經無明文罍者取象雲雷故從人君下及諸臣同如是經文惟有詩云我姑酌彼金罍古毛說

云人君以黃金則其餘諸臣直有金無黃金飾也其鬯然向來所說雞彝鳥彝皆有所出其虎彝蜼彝當是有虞氏之尊故鄭注尚書云宗彝宗廟之中鬱尊虞氏所用故曰虞夏以上虎蜼而已也

凡六彝六尊之酌鬱齊獻酌醴齊縮酌盎齊涗酌凡酒脩酌

釋曰云凡六彝之酌鬱齊為目六尊之酌與醴齊盎齊為目下有凡酒脩酌上不言齊者亦是文不具也凡言酌者皆是泲之使可酌也

注故書縮為數齊為齊鄭司農云獻讀為儀儀酌有威儀多也涗酌者涗拭勺而酌也脩酌者以水洗勺而酌也齊讀皆為齊和之齊杜子春云數當為縮齊讀皆為粢玄謂禮運曰玄酒在室醴醆在戶粢醍在堂澄酒在下以五齊次之則醆酒盎齊也郊特牲曰縮酌用茅明酌也醆酒涗于清汁獻涗于醆酒猶明清與醆酒于舊澤之酒也此言轉相飾成也獻讀為摩莎之莎齊語聲之誤也煑鬱和秬鬯以醆酒摩莎

泲之出其香汁也醴齊尤濁和以明酌泲之以茅縮去滓也盎齊差清和以清酒泲之而已其餘三齊泛從醴緹沈從盎凡酒謂三酒也脩讀如滌濯之滌滌酌以水和而泲之今齊人命浩酒曰滌明酌酌取事酒之上也澤讀曰醳明酌淸酒醆酒泲之皆以舊醳之酒凡此四者祼用鬱齊朝用醴齊饋用盎齊諸臣自酢用凡酒唯大事于大廟備五齊三酒　釋曰司農云獻讀爲儀已下後鄭皆不從者此經爲泲酒之法而司農皆不爲泲酒法其言無所據依故皆不從也司農云齊讀皆爲齊和之齊鄭注酒正爲度量解之則齊和義亦通也子春爲粢於義不可後鄭於酒正已破訖玄謂引禮運者欲破彼醆從此盎也彼云玄酒在室者據配鬱鬯之尊故在室若配鬱鬯當云明水而云玄酒者散文通云以五齊次之則醆酒盎齊也者於此經及酒正言之盎次醴禮運醆次醴以醆當盎處即一物明醆酒盎齊也盎齊云酒則酒齊亦通引郊特牲曰縮酌用茅明酌至醆酒者彼記人意以經泲酒法難解故釋此經

泲酒之法也此云醴齊縮酌彼記人取此縮酌二字於彼
重解之云此言縮酌者縮酌當用茅也又云明酌者醴齊
濁還用事酒之清明者和醴齊然後用茅泲之使可酌故
云明酌也云醆酒涚于清者醆酒即盎齊盎齊差清亦不
言縮則不用茅涚謂新亦謂泲之也彼記人亦取此盎齊
涚酌解之以盎齊欲泲之時則以清酒和而泲涚使可酌
故直云涚于清也云汁獻涚于醆酒者記人亦取此經鬱
齊獻酌釋之云汁獻者獻讀摩莎之莎也云涚于醆酒者
以鬱鬯尊不用三酒而用五齊中盎齊差清者和鬱鬯泲
之故云涚于醆酒也云猶明清與醆酒于舊醳之酒也者
此記人復恐不曉古之泲酒之法故舉當時泲酒之法以
曉人也云明清者明謂事酒清謂清酒醆謂盎齊也三者
皆於舊醳之酒中泲之但云醳酒即事酒也今云舊醳則
醳中之舊冬釀接春而成故云舊是昔酒也云此言轉相
泲成已下皆鄭重釋記人之言也云醴齊尤濁和以明酌
泲之者醴齊對盎齊已下三者爲尤濁上仍有泛齊更濁

於醴齊也盎齊差清和以清酒泲之而已者以不用茅故
云泲之而已云其餘三齊泛從醴緹沈從盎者以泲三者
無文故鄭約同此二齊以泛齊濁不過與醴齊同緹沈清
無過與盎同故略爲二等泲五齊也云凡酒謂三酒也者
以上文列尊卣罍三等之尊此見泲鬱與二齊凡酒事相
當故凡酒謂三酒非一故稱凡也云脩讀爲滌濯之滌者
讀從宗伯視滌濯之滌欲解滌爲水之意必知以水者曲
禮曰水曰清滌且鬱鬯用五齊五齊用三酒三酒用水差
次然也云明酌酌取事酒之上也者重解縮酌用茅明酌
也云澤讀曰醳明酌清酒醆酒泲之皆以舊醳之酒者重
解當時之法以曉人者也云凡此四者裸用鬱齊朝用醴
齊饋用盎齊諸臣自酢用凡酒者此以上列尊及泲酒次
第爲先後祭禮有裸有朝踐饋獻酳尸次第爲先後推此
可知也云唯大事於大廟備五齊三酒者此據酒正云祭
祀共五齊三酒下有大祭中祭小祭此時祭用二齊禮運
曰齊據禘祭明大事祫祭備五齊三酒可知三酒時祭亦

禘之於大事言之者連言挾句耳文二年大事於大廟公羊傳大事者何大祫也即此大事是祫可知也

大喪存奠彝 注存省也謂大遣時奠者朝夕乃徹也 釋曰大喪之奠有彝尊盛鬱鬯唯謂祖廟厥明將向壙爲大遣奠時有之故鄭云謂大遣時云奠朝夕乃徹也者此大奠徹之早晚無文案檀弓云朝奠日出夕奠逮日則朝奠至夕徹之夕奠至朝乃徹是朝夕乃徹其大遣亦朝設至夕乃徹言此者欲見所奠彝尊朝夕酒存省之

大旅亦如之 注旅者國有大故之祭也亦存其奠彝則陳之不即徹 釋曰鄭知旅是大國有故之祭者見宗伯云國有大故則旅上帝及四望故知也云亦存其奠彝者以其祭云亦如之明亦如大遣奠存省之云則陳之不即徹者云不即徹則與上注奠者朝夕乃徹義異但上經據人鬼日出逮日故其去來於陰陽此天神無此義但不即徹不必要至夕也且案小宰注天地至尊不裸此得用彝者此告請非常亦如大遣

奠之而已

亦非樸耳

司几筵掌五几五席之名物辨其用與其位 注五

几左右玉彫彤漆素五席莞藻次蒲熊用位所設之席及

其處 釋曰云五几左右玉彫彤漆素者其玉彫已下數

於下文云左右者唯於王馮及鬼神所依皆左右玉几

下云左右玉几祀先王昨席亦如之但受酢席未必有几

故不云几筵其彫几已下非王所馮生人則几在左鬼神

則几在右是以下文諸侯祭祀云右彫几國賓云左彤几

諸侯自受酢亦無几故不言几也漆素並云右俱是爲神

也云五席莞繅次蒲熊者亦數出下文仍有葦萑席不入

數者以喪中非常故不數直取五席與五几相對而言耳

云用位所設之席者即下凡大朝覲已下是也云及其處

者王受朝覲席在廟牖間大射席在虞庠祀先王在廟與

及堂酢席在廟室西面自諸侯已下亦皆在廟惟熊席漆

凡設在野所征之地耳經云名物
鄭不解之者義在可知故略之也　凡大朝覲大饗射
凡封國命諸侯王位設黼依依前南鄉設莞筵
紛純加繅席畫純加次席黼純左右玉几　釋曰此經及下
文見王有事設席三重之義言凡大朝覲非四時常朝常
朝則春夏受贄於朝秋冬受贄於廟不常在廟也此朝覲
言大則因會同而行朝覲之禮謂春秋來時若冬夏來則
曰大宗遇也云大饗者謂王與諸侯行饗禮於廟即大行
人云上公三饗之屬是也大射謂王將祭祀擇士而射於
西郊小學虞庠中云凡封國命諸侯者此即典命云其出
封皆加一等之屬是也云王位設黼依者案爾雅牖戶之
間曰扆於扆之處設黼黼即白黑文而爲斧形此斧以大
板爲邸即掌次皇邸一也故鄭彼注云邸後板以此斧板
置於扆即以黼扆爲揔名也云依前南鄉設莞筵已下以

席三重也凡敷席之法初在地者一重即謂之筵重在上者即謂之席已下皆然故鄭注序官云敷陳曰筵藉之曰席

注斧謂之黼其繡白黑采以絳帛爲質依其制如屏風然於依前爲王設席左右有几優至尊也鄭司農云紛讀爲豳又讀爲和粉之粉謂白繡也純讀爲均服之均純緣也繅讀爲藻率之藻次席虎皮爲席書顧命曰成王將崩命大保芮伯畢公等被冕服憑玉几玄謂紛如綬有文而狹者繅席削蒲蒻展之編以五采若今合歡矣畫謂雲氣也次席桃枝席有次列成文　釋曰鄭云斧謂之黼者案禮記明堂位云天子負斧扆彼及諸文多爲斧字者若據繢人職則云白與黑謂之黼據采色而言之若據繡於物上則爲金斧文近刃白近銎黑則曰斧取金斧斷割之義故鄭以斧釋黼云其繡白黑文者繢人職文鄭知以絳帛爲質者鄉射記云凡畫者丹質此黼畫之故知絳帛絳帛即丹質也云其制如屏風然者屏風之名出於漢世鄭以今曉古故舉屏風爲況也孔注顧命其置之戶牖間

竟終也戶牖閒狹故置之終滿戶牖閒也云左右有几優
至尊也者此經所云王皆立不坐旣並又於左右皆有几
故鄭注大宰云立而設几優至尊據立而言此據左右皆
有而言故注相兼乃具也司農云紛讀爲豳於義不安故
更云又讀爲和粉之粉謂白繡也純讀爲均服之均者案
僖五年左傳卜偃云均服振振取虢之旂賈服杜君等皆
爲均均同也但司農讀爲均卽準音與純同故云純緣
也云繅讀爲藻率之藻者讀從桓二年臧哀伯云藻率鞞
鞛鞶厲斿纓此並取彼義也云次席虎皮爲席者此見下
有熊席故爲虎皮後鄭不從也引尚書者證王憑玉几之
義也玄謂紛如綬有文而狹者此見漢世綬是薄帔有文
章而狹以爲席之緣故言之也鄭知繅席削蒲蒻展之編
以五采若今合歡矣者漢有合歡席如此故還舉漢法況
之也云畫謂雲氣也者鄭於經但單言畫皆以畫雲氣解
之蓋五色雲爲之文也云次席桃枝席有次列成文者鄭
亦見漢世以桃枝竹爲席次第行列有成其文章故言之

也
祀先王昨席亦如之釋曰祀先王謂宗廟六享皆用上三種席酢席謂王酳尸尸酢王王受酢之席亦如上三種席故云亦如之
注鄭司農云昨席於主階設席王所坐也玄謂昨讀曰酢謂祭祀及王受酢之席尸卒食王酳之卒爵祝受之又酌授尸尸酢王於是席王於戶內后諸臣致爵乃設席。釋曰司農云酢席於主階設席王所坐也者此約鄉飲酒禮主人在阼階賓在戶牖間主人受酢王行飲酒禮亦然此酢文承祀先王下即是祭禮受尸酢不得為凡常飲酒禮故後鄭不從也後鄭知王有受尸酢法者謂若鬱人注引特牲少牢此注亦取彼義故云尸卒食王酳之卒爵祝受之又酌授尸尸酢王於是席王於戶內也案特牲少牢主人受酢之時未設席夫婦致爵乃設席今王於受酢即設席者優至尊與大夫士禮異知席王在戶內者約特牲主人受酢時在戶內之東西南也云后諸臣致爵乃設席者此亦約特牲夫婦致爵之時有席若然王於酢有席與彼異至於后即與彼同者禮有損之而益故后不得與王同宜同士禮案特牲無致爵於賓長之法而此言諸臣致爵者此王於諸臣亦無致爵禮此致爵謂酳尸訖主人獻賓長於西階之上謂之致爵也特牲主人致爵於主婦席於東房中此后亦然其諸臣案特牲獻賓長於西階上無席獻訖以薦俎降降設於西階下亦無席此諸臣有席者亦是王之臣尊宜設席乃以薦俎降設於席東也

諸侯祭祀席蒲筵繢純加莞席紛純右彫几

釋曰此經論諸侯禘祫及四時祭祀之席皆二種席也

注繢畫文也不莞席加繅者繅柔穤不如莞清堅又於鬼神宜

釋曰上文畫純者畫雲氣此云繢即非畫雲案繢人職對方爲繢是對方爲次畫於繒帛之上與席爲緣也云不莞席加繅者繅柔穤不如莞清堅又於鬼神宜者案上文天子祭祀席與酢席同此下文諸侯受酢席下莞上繅今祭祀席下蒲上莞以是故鄭以下文決此今諸侯祭祀席不

亦如下文莞席加繅者以其繅柔殢不如莞清堅於鬼神宜即於生人不宜故下文生人繅在上爲宜也又不以繅在莞下者繅尊不宜在莞下故用蒲替之也

昨席莞筵紛純加繅席畫純筵國賓于牖前亦如之左彤几

釋曰諸侯酳尸尸酢主君亦於戶內之東西面設此二席及筵國賓在牖前亦如之亦如同二種席也几席雖同但上文鬼神則右几此文生人則左几也又別云左彤几者謂國賓之中有諸侯來朝亦有孤卿大夫來聘若朝者則雕几蒙亦如之聘者席雖與同几則用彤故別云左彤几使不蒙如也

注　昨讀亦曰酢鄭司農云禮記國賓老臣也爲布筵席於牖前玄謂國賓諸侯來朝孤卿大夫來聘後言几者使不蒙如也朝者雕几聘者彤几

釋曰先鄭云禮記國賓老臣也者案禮記王制有四代養國老庶老於學之事彼國老謂卿大夫致仕庶老謂士之致仕者先鄭據此文而言國賓老臣也後鄭

不從者未見朝聘之賓而言巳國君臣於義不可故不從
也主謂國賓諸侯來朝孤卿大夫來聘者案大小行人及
司儀賓謂諸侯客謂其臣今此經唯云賓而兼云孤卿大
夫者對文賓客異通而言之賓客一也以大司徒云大賓
客令野脩道委積小司徒云小賓客令野脩道委積是賓
客通用之義也案公食大夫禮云司宮具几與蒲筵加萑
席又云上大夫蒲筵加萑席其純皆如下大夫彼注云謂
公食上大夫孤爲賓則莞筵紛純加繅席畫純聘禮將賓
宰夫徹几改筵注云徹神几改神席更布也賓席東上又
引公食大夫云云此筵上下大夫也又引此筵國賓下至
彤几云筵孤彤几卿大夫其漆几與以此而言則筵諸侯
與孤用莞筵繅席而卿大夫則用蒲筵萑席今揔云國賓
孤卿大夫同莞繅者此廣解國賓之義其實如公食大夫
及聘禮之注也若然此注云朝者彫几聘者彤几彤几亦
謂孤也依彼聘禮注卿大夫用漆几者以其天子用玉諸
侯用彫孤用彤卿大夫用漆几差次然也案禮記禮器云

天子之席五重諸侯三重今天子唯三重諸侯二重者彼
云五重者據天子大祫祭而言若禘祭當四重時祭當三
重皆用此三重席耳故此唯見三重席也諸侯三重上公
當四重亦謂大祫祭時若禘祭降一重諸侯二重禘與時
祭同卿大夫已下特牲少牢唯見一重耳若
為賓饗則加重數非常法故不與祭祀同也 **甸役則設**
熊席右漆几 注謂王甸有司祭表貉所設席 釋曰甸
役謂天子四時田獵案大司馬大閱禮教
戰訖入狩田既陳有司表貉於
陳前見時設熊席右漆几也 **凡喪事設葦席右素**
几其柏席用萑黼純諸侯則紛純每敦一几 注喪事謂
凡奠也萑如葦而細者鄭司農云柏席迫地之席葦居其
上或曰柏席載黍稷之席玄謂柏椁字磨滅之餘椁席藏
中神坐之席也敦讀曰燾燾覆也棺在殯則椁燾既窆則
加見皆謂覆之周禮雖合葬及同時在殯皆異几體實不

同祭於廟同几精氣合　釋曰云喪事謂凡奠也者以其言凡非一之義士喪禮始死之奠乃至小斂之奠亦設於地未有席至大斂奠乃有席殯後則有朝夕奠朔月奠大夫已上兼有月半奠并有薦新奠葬時又有遷奠祖奠大遣奠葬乃廢奠而虞祭也故鄭云謂凡奠也云萑如葦而細者詩云萑葦淠淠同類之物但麤細爲異耳先鄭以柏席爲迫地苑爲載黍稷其言無所依據故後鄭不從也玄謂柏椁字磨滅之餘椁席藏中神坐之席也者謂於下帳中坐設之云敦讀曰燾燾覆也者謂若覆燾持載者也云棺在殯則椁燾者檀弓云天子菆塗龍輴以椁是也云既窆則加見者既夕禮下棺訖則加見見謂道上帳帷荒將入藏以覆棺言見者以其棺不復見唯見帷荒故謂之見也云皆謂覆之者此解經敦字以其二處皆當覆故云敦也云周禮雖合葬者檀弓云古者不合葬周公蓋附附謂合葬是周禮合葬也云及同時在殯者禮記曾子問云父母之喪偕鄭云同月死是同時在殯也云皆異凡體實不

同者解經每敦一几之義云祭於廟同几精氣合者案禮
記祭統云敷筵設同几鄭云同之言詷謂言語相詷之詷
即共詷也故破從詷則以某妃配某氏以其精氣合故也
言祭於廟者謂吉祭時以其禫月吉祭猶未配故知至二
十八月乃設同几也 **凡吉事變几凶事仍几** 注故書仍爲乃鄭司農云變几變更其質
謂有飾也乃讀爲仍仍因也因其質謂無飾也爾雅曰儴
仍因也書顧命曰翌日乙丑成王崩癸酉牖間南嚮西序
東嚮東序西嚮皆仍几玄謂吉事王祭宗廟裸於室饋食
於堂繹於祊每事易几神事文示新之也凶事謂几奠几
朝夕相因喪禮略 釋曰先鄭云變更其質謂有飾又以
仍几爲因其質謂無飾後鄭不從者以司農就几體解之
所引尚書仍几乃是前後相因不得爲几體故不從也且
上文云右素几於凶几無飾已有文何須此亦云仍几爲
無飾乎皆其言不經故不從也引顧命者按彼經云牖間
南嚮華玉仍几西序東嚮文貝仍几東序西嚮彫玉仍几

西夾南嚮漆仍几孔云因生時几皆有飾而先鄭引之者先鄭意直取仍因之義不須無飾也玄謂吉事祭宗廟裸於室者洛誥云王入大室裸是也云饋食於堂繹於祊者案禮器云設祭于堂爲祊乎外是直云饋食於堂謂饋獻節據有熟故言饋食其實未有黍稷又不言朝踐者朝踐與饋獻同在堂故略而不言也又饋獻後更延尸入室進黍稷尸食之事不言者以其還依裸於室之几故亦略而不言也云凶事謂凡奠者即上文凡喪事右素几是也此文見凡奠几相因不易之意案檀弓云虞而立尸有几筵者據大夫士而言案士喪禮大斂即有席而云虞始有筵者以其几筵相將連言其實虞時始有几其筵大斂即有也天子諸侯禮大初死几筵並有故上云凡喪事設葦席右素几也凡几之長短阮諶云几長五尺高二尺廣二尺馬融以爲長三尺舊圖以爲几兩端赤中央黑也

天府掌祖廟之守藏與其禁令　釋曰所守藏者即下文玉鎮巳下是也禁

令謂禁守不得使注祖廟始祖后稷之廟其寶物世傳守
人妄入之等也　之若魯寶玉大弓者　釋曰案王制
云天子七廟三昭三穆與大祖之廟而七大祖即始祖廟
也周立后稷廟爲始祖以其最尊故寶物藏焉云其寶物
世傳守之若魯寶玉大弓者案春秋定八年盜竊寶玉
大弓公羊傳云寶者何璋判白弓繡質是世傳守者也凡

國之玉鎮大寶器藏焉若有大祭大喪則出而
陳之既事藏之　釋曰云玉鎮大寶器藏焉者若典瑞掌其凡瑞器故典瑞云掌玉瑞玉器之藏
辨其名物與其用事設其注玉鎮大寶器玉瑞玉器之美
服飾其美者天府掌之　者禘祫及大喪陳之以華國
也故書鎮作瑱鄭司農云瑱讀爲鎮書顧命曰翌日乙丑
王崩丁卯命作冊度越七日癸酉陳寶赤刀大訓弘璧琬
琰在西序大玉夷玉天球河圖在東序胤之舞衣大貝鼖
鼓在西房兌之戈和之弓垂之竹矢在東房此其行陳說

於經　釋曰鄭知玉鎮大寶器是玉瑞玉器之美者此云
玉鎮即太宗伯云以玉作六瑞鎮圭之屬即此寶鎮也彼
又云以玉作六器蒼璧禮天之屬即此寶器也知是美者
以別入此天府故知簡取美者來入也鄭知禘祫者經云
大祭祀故知也先鄭云顧命曰翌日乙丑王崩者謂上文
云甲子王被冕服馮玉几出顧命丁云翌日乙丑是甲子
明日也云丁卯命作冊度者謂乙丑至丁卯是三日小斂
之日也大保命史官作冊書法度擬傳顧命之事云越七
日癸酉者越於也於丁卯後七日則通死日乙丑爲九日
是除死日七日大斂之明日揔九日也云陳寶赤刀大訓
弘璧琬琰在西序者陳寶是揔目語即赤刀已下是也赤
刀者鄭注云武王誅紂刀赤爲飾大訓者禮法先王禮教
即虞書典謨是也弘璧弘大也大璧琬琰皆尺二寸者云
大玉夷玉天球河圖者鄭云大玉華山之球夷玉東北之
璞天球雍州所貢之玉色如天三者皆璞未見琢治故不
以器名之河圖圖出於河水帝王聖者所受云胤之舞衣

大貝鼖鼓兑之戈和之弓垂之竹矢者鄭注云兑也和也垂也皆古人造此物者之名鼖鼓大鼓也此鼖非謂考工記鼖鼓長八尺者若是周物何須獨寶守明前代之物與周鼖鼓同名耳大貝者書傳曰散宜生之江淮之浦取大貝如車渠是也云此其行事見於經者此經云大喪出而陳之不見行事故引顧命爲行事見於經也此經有大祭祀出寶器無行事見於經故不引也

凡官府鄉州及都鄙之治中受而藏之以詔王察羣吏之治 釋曰此自王國以至四疆皆有職司治事文書不言六遂及四等公邑之官者於文略其實皆有也都鄙則三等采地云詔王察羣吏之治者告王據此治中文書而行黜陟也 注 察察其當黜陟者鄭司農云治中謂其治職簿書之要 釋曰云治職簿書之要者謂各有職掌皆同有文書案簿書功狀之要故據而告王也經直言治中兼有不中在其間中者陟之不中黜之經直言中偏

舉一邊而言也 上春釁寶鎮及寶器 注上春孟春也釁謂殺牲以血血之鄭司農云
釁讀爲徽或曰釁鼓之釁 釋曰云上春孟春也者謂建
寅之月也殺牲取血釁之者月令上春釁龜筴等也云釁
讀爲徽者周禮先鄭皆讀釁爲徽徽取飾義云或曰釁鼓
之釁者讀從定四年祝佗云君以軍行祓社釁鼓釁皆以
血血之也 凡吉凶之事祖廟之中沃盥執燭 注吉事四時祭也凶事后
王喪朝于祖廟之奠 釋曰謂他官在祖廟中沃盥夙與
時則天府之官與之執燭爲明他官在祖廟中沃盥者謂
小祝云大祭祀沃尸盥小臣大祭祀沃王盥此二官所沃
盥在祖廟中則天府爲之執燭其若士師云祀五帝沃尸
盥非祖廟事則不與執燭也云吉事謂四時祭也者略言
之禘祫亦在焉云凶事后王喪朝于祖廟之奠者王及后
喪七月而葬將葬當朝六廟後乃朝祖廟祖廟中日側
爲祖奠厥明將去爲大遣奠皆有沃盥之事故鄭云爲

冬陳玉以貞來歲之媺惡釋曰季冬謂夏之季冬歲終當除舊布新故此時當有卜筮來歲之美惡者將卜筮之注問事之正曰貞問歲之美惡謂問於龜大卜職大貞之屬陳玉陳禮神之玉凡卜筮實問於鬼神龜筮能出其卦兆之占耳龜有天地四方則玉有六器者與言陳者既事藏之不必薶之也鄭司農云貞問也易曰師貞丈人吉問於丈人國語曰貞於陽卜釋曰云問事之正曰貞者禮記少儀云問卜筮曰義與志與注云義正事也志私意也是問卜筮有不正之事故云問事之正曰貞即此經云貞者問事之正也云問歲之美惡謂問於龜大卜職大貞之屬者彼大貞之屬即卜立君卜大遷卜大封是也今此卜來歲之美惡亦彼類故云之屬兼此也云陳玉陳禮神之玉者玉於卜筮無所施明以禮神也云凡卜筮實問於鬼神龜筮能出其卦兆之占耳者案易繫辭云精氣爲物游魂爲變是故知鬼神之情狀與天地相似注云

精氣謂七八游魂謂九六則筮之神自有七八九十六成數
之鬼神春秋左氏傳云龜象筮數則龜自有一二三四五
生數之鬼神則知吉凶者自是生成鬼神龜筮直能出卦
兆之占耳案易繫蓍龜神物士冠禮注云筮不於廟堂者
嫌蓍之靈由廟神若然蓍龜亦自有神而云出卦兆者但
所禮者禮生成之鬼神神之尊者無妨蓍龜亦自有神也
云龜有天地四方則玉有六器者與者龜有天地四方龜
人職文龜既有六明玉亦有六無正文故云與以疑之六
器之言若大宗伯云以玉作六器之類故以六器言之也
云言陳者既事藏之不必貍之也者七八九六及一二三
四五之鬼神並非天地之鬼神故云陳言陳則藏之不必
貍也先鄭云貞問也者亦是問事之正曰貞也云易曰師
貞丈人吉問於丈人者此師卦彖辭彼云師貞丈人吉无
咎注云丈之言長能御衆有朝正人之德以法度爲人之
長吉而無咎謂天子諸侯主軍者云國語曰貞於陽卜者
此吳語黄池之會董褐云周室既卑諸侯失禮於天子請

貞於陽卜收文武之諸侯注云貞正也問卜內曰陰外曰
陽言吳以諸侯失禮於天子當問於龜言我當收文武之
諸侯矣引此二文者 **若遷寶則奉之** 注奉猶送也
證問事之正曰貞也 釋曰此遷寶謂
王者遷都若平王東遷則寶亦遷天府
奉送之於彼新廟之天府藏之如故也 **若祭天之司**
民司祿而獻民數穀數則受而藏之 釋曰此主祭祀者祭天之
司民司祿在孟冬之時則主民之吏獻民數穀數則 注司
小司寇受而獻之於王王得之登於天府受而藏之 民
軒轅角也司祿文昌第六星或曰下能也祿之言穀也年
穀登乃後制祿祭此二星者以孟冬既祭之而上民穀之
數於天府 釋曰云司民軒轅角也者案武陵太守星傳
云軒轅十七星如龍形有兩角角有大民小民傳又云文
昌宮有六星第一爲上將第二爲次將第三爲貴相第四
爲司命第五爲司中第六爲司祿是其司民在軒轅角司

禄在文昌第六星也或曰下能也者此案石氏星傳云上能司命爲太尉中能司中爲司徒下能司禄爲司寇是司禄在下能也以其二處並有司禄故舉二文以見義也云禄之言穀也年穀登乃後制禄言此者欲見祭司禄在孟冬則制禄之意也鄭知祭此二星在孟冬者見月令孟冬云祈來年於天宗即日月星是知祭在孟冬也其獻穀者則小司寇職也

典瑞掌玉瑞玉器之藏辨其名物與其用事設其服飾 釋曰言掌玉瑞玉器之藏者玉之美者入天府藏之凡平者仍在典瑞藏之故亦言藏也人執之則曰瑞即下文鎮圭之等是也禮神曰器則下文四圭之等是也云辨其名物者圭璧之等各有名并物色有異云與其用事者爲事而用圭璧謂朝聘朝日祭祀之等皆是也云設其服飾者謂繅藉在玉若人之衣服之飾也 注

人執以見曰瑞禮神曰器瑞符信也服飾服玉之飾謂繅
藉　釋曰人執以見曰瑞禮神曰器者據此文及大宗伯
相對而說散文則人執亦名器故聘禮記云圭璋璧琮凡
此四器者唯其所寶以聘可也又尚書云五器卒乃復皆
是人執而名器也云瑞符信也者若天子受瑞於天諸侯
不得受瑞於天唯受瑞於天子故名瑞瑞即符信者也云
繅藉即下文繅五采五就之等也　王晉大圭執鎮圭繅藉五采五
就以朝日　釋曰搢插也謂插大圭長三尺玉笏於帶間手
執鎮圭尺二寸繅藉五采五就者謂以五采就
繅藉玉也以朝日者謂　注繅有五采文所以薦玉木爲中
以春分朝日於東郊也　幹用韋衣而畫之就成也王朝
日者示有所尊訓民事君也天子常春分朝日秋分夕月
覲禮曰拜日於東門之外故書鎮作瑱鄭司農云晉讀爲搢瑱讀爲
搢紳之搢謂插之於紳帶之間若帶劍也瑱讀爲鎮玉人
職曰大圭長三尺杼上終葵首天子服之鎮圭尺有二寸

天子守之繅讀爲藻率之藻五就五帀也一帀爲一就釋
曰云繅有五采文者釋繅字以其繅者雜采之名故云繅
有五采文所以薦玉也云木爲中榦用韋衣而畫之就成
也者鎭圭尺二寸廣三寸則此木版亦長尺二寸廣三寸
與玉同然後用韋衣之乃於韋上畫之一采爲一帀五采
則五帀一帀爲一就就成也是采色成者也案聘禮記云
絢組尺彼組不問尊卑皆用五采長尺以爲繫所以束玉
使不落絢組繫亦名繅藉者則曲禮云其有藉者則楊聘
禮云上介屈繅以授賓是亦名繅藉者也云王朝日者示
有所尊訓民事君也者王者父天母地兄日姊月故春分
朝日秋分夕月以王者至尊猶朝日夕月況民得不事君
乎是訓民事君也云天子常春分朝日秋分夕月知者案
祭義云祭日於東祭月於西又玉藻云玄端而朝日於東
門之外又覲禮春拜日於東門之外既春拜日於東明秋
夕月於西故知春分朝日秋分夕月也司農云晉讀爲搢
紳之搢者漢有搢紳之士亦謂搢笏於紳故讀從之云謂

插之於紳帶之間者凡帶有二者大帶大夫已上用素士用練即紳也又有革帶所以珮玉之等今插笏者插於紳之外革之内故云紳帶之間也云若帶劒也者劒在紳帶之間同處也云玉人職曰大圭長三尺杼上終葵首天子服之者案彼注云杼殺也終葵首謂大圭之上近首殺去之留首不去處爲椎頭齊人名椎爲終葵故名圭首爲椎頭者爲終葵首也案玉藻云天子搢珽方正於天下即此大圭也云鎭圭尺有二天子守之者亦玉人文引之證經大圭與鎭圭之義也云繅讀爲藻率之藻者桓二年臧哀伯諫辭也藻是水草之文故讀從之也云五就五帀也一帀爲一就者下文有三采者亦一采爲一就下云二采一就者據臣行聘不得與君同是以二采采爲一行二采共爲一就凡言就者或兩行名爲一就即此上下文是也或一帀二行爲二就就即等也故聘禮記云所以朝天子圭與繅皆九寸又云繅三采六等朱白蒼注云以三色再就謂三色色爲再就就亦等也三色即六等禮記雜記亦

三采六等注云三六等以朱白蒼畫之再行行爲一等是等爲一行行亦爲就據單行言之也各有所據故其文有異也公執桓圭侯執信圭伯執躬圭繅皆三采三就子執穀璧男執蒲璧繅皆二采再就以朝覲宗遇會同于王注三采朱白蒼二采朱緑也鄭司農云以圭璧見于王覲禮曰侯氏入門右坐奠圭再拜稽首侯氏見于天子春曰朝夏曰宗秋曰覲冬曰遇時見曰會殷見曰同　釋曰鄭知三采朱白蒼二采朱緑也者聘禮記文司農引覲禮曰侯氏入門右坐奠圭再拜稽首者彼謂秋覲禮受贄受享皆在文王廟中侯氏入門右者諸侯不敢自同賓客故入門右行臣禮侯擯辭之乃更向門左升自西階授玉云春曰朝已下皆大宗伯文義具於彼也諸侯相見亦如之注鄭司農云亦執圭璧以相見故邾隱公朝於魯春秋傳

曰邾子執玉高其容仰　釋曰先鄭云亦執圭璧以相見者亦如上文公執桓圭以下案大行人云諸侯之邦交歲相問殷相聘世相朝即司儀所云凡諸侯相爲賓侯伯子男之相爲賓如公之儀又諸公之臣相爲國客伯子男之臣云亦如之若不敵則有小國朝大國大國聘小國皆是諸侯相朝之法故邾隱公朝於魯引春秋傳者左氏傳云邾子執玉高其容仰魯侯執玉卑其容俯高仰驕也卑俯替也此二君不獲朝容之正引之以證諸侯相朝有執玉之法也

瑑圭璋璧琮繅皆二采一就以覜聘　釋曰此遣臣行聘問之所執者若本君親自朝所執上文桓圭之等是若遣臣聘不得執君之圭璧無桓信躬與蒲穀之文直瑑之而已故云瑑圭璋璧琮此謂公侯伯之臣也若子男之臣豈得過本君用以圭璋乎明子男之臣亦用瑑璧琮也云皆二采一就以覜聘者謂朱綠二采共爲一就也

注璋以聘后夫人以琮享之也大夫衆來曰覜寡來曰

鄭司農云瑑有圻鄂瑑起　釋曰云璋以聘后夫人以瑑享之也者鄭見欲此經遣臣聘法有聘天子并有自頫聘二者俱見故云璋以聘后夫人而瑑享之也明知圭以聘天子與諸侯而璧享之鄭不言圭璧於天子諸侯者以聘后夫人文隱故特舉以言之天子諸侯可知也云大夫衆來曰覜寡來曰聘者此亦據大宗伯云殷覜曰視謂一服朝之歲即此覜也故云衆來彼又云時聘曰問亦無常期即此聘也故云寡來曰聘也司農云瑑有沂鄂瑑起是不爲桓信躬等之文也

四圭有邸以祀天旅上帝　釋曰此祀天謂夏正郊天也旅上帝者上帝五帝也國有故而祭故稱旅也　**注**　鄭司農云於中央爲璧圭著其四面一玉俱成爾雅曰邸本也圭本著於璧故四圭有邸圭末四出故也或說四圭有邸有四角也邸讀爲抵欺之抵上帝玄天玄謂祀天夏正郊天也上帝五帝所郊亦猶五帝殊言天者尊異之也大宗伯職曰國有大故則旅上帝及四望　釋曰司

農云於中央爲璧圭著其四面一玉俱成者云於中央爲
璧謂用一大玉琢出中央爲璧形亦肉倍好爲之四面琢
各出一圭璧之大小圭之長短無文天子以十二爲節蓋
四廟圭各尺二寸與鎮圭同其璧爲邸蓋徑六寸摠三尺
與大圭長三尺又等故云一玉俱成也云或說四圭有邸
有四角也者此說四角角即短矣以無正文故兩釋之也
云邸讀爲抵欺之抵音讀之也云上帝玄天者與大宗伯
注同司農意與孔王等無六天之義也玄謂祀天夏正郊
天也者凡天有六案大宗伯云蒼璧禮天據冬至祭昊天
於圜丘者也彼又云青圭禮東方赤璋禮南方白琥禮西
方玄璜禮北方據四時迎氣及摠享於明堂之等祭五方
天也彼惟不見夏正郊所感帝故知此四圭是夏正郊天
易緯云三王之郊一用夏正各郊所感帝即郊特牲云兆
於南郊就陽位於郊故謂之郊是也云上帝五帝者案
宗伯青圭之等已見祭五方天帝此又言者彼據常祭此
國有故而祭曰旅用玉與郊天同四圭有邸故言之也

云所郊亦猶五帝殊言天者尊異之也者王者各郊所感帝若周之靈威仰之等即是五帝而殊言天是尊異之以其祖感之而生故也引大宗伯者證旅上帝是國有故而祭也但旅四望下文與地同用兩圭今此言之者連引之耳

兩圭有邸以祀地旅四望

注兩圭者以象地數二也僢而同邸祀地謂所祀於北郊神州之神 釋曰云僢而同邸者案王制注卧則僢彼僢謂兩足相向此兩圭亦兩足同邸是足相向之義故以僢言之則上四圭同邸者亦是各自兩足相向但就此兩足相向而言之也云地謂所祀於北郊神州之神者一以其宗伯所云黃琮禮地謂夏至祭崑崙大地明此兩圭與上四圭郊天相對是神州之神案河圖括地象崑崙東南萬五千里神州是也但三王之郊一用夏正未知神州用何月祭之或解郊用三陽之月神州旣與郊相對宜用三陰之月當七月祭之

祼圭有瓚以肆先王以祼賓客

釋曰祼圭

即玉人所云祼圭尺有二寸者也以肆先王謂祭先王則
宗伯六享皆是也以祼賓客者則大行人云上公再祼侯
伯一祼之 注 鄭司農云於圭頭爲器可以挹鬯祼祭謂之
等是也 瓚故詩曰邮彼玉瓚黄流在中國語謂之鬯
圭以肆先王灌先王祭也玄謂肆解牲體以祭因以爲名
爵行曰祼漢禮瓚槃大五升口徑八寸下有槃口徑一尺
釋曰先鄭云於圭頭爲器器即瓚是也云可以挹鬯祼祭
謂之瓚者鬯即鬱鬯也言祼言祭則祼據賓客祭據宗廟
也詩曰邮彼玉瓚黄流在中者彼詩是美王季爲西伯受
殷王圭瓚之賜言黄流在中即典玉人云黄金勺鼻等同
也云國語謂之鬯圭者案國語云臧文仲以鬯圭與磬如
齊告糴是也云以肆先王灌先王祭也先鄭不解肆字故
後鄭釋之玄謂肆解牲體以祭因以爲名者案大司徒云
祀五帝奉牛牲羞其肆是祭時肆解牲體因即以肆爲祭
名也云爵行曰祼者此周禮祼皆據祭而言至於生人飲
酒亦曰祼故投壺禮云奉觴賜灌是生人飲酒爵行亦曰

灌也云漢禮瓚槃大五升口徑八寸下有槃口徑一尺者此漢禮器制度文叔孫通所作案玉人職云大璋中璋邊璋下云黃金勺青金外朱中鼻寸衡四寸鄭注云三璋之勺形如圭瓚玉人不見圭瓚之形而云形如圭瓚者鄭欲見三璋勺見出圭瓚之形但三璋勺雖形如圭瓚圭瓚之形即此漢禮文其形則大三璋之勺徑四寸所容蓋似小也

圭璧以祀日月星辰 释曰祭日月謂若春分朝日秋分夕月并大報天主日配以月其星辰所祭謂小宗伯四類亦如之注云禮風師雨師於郊之屬又月令云祈來年於天宗鄭云天宗日月星亦是也其祭法埋少牢已下祭日月星辰謂禱祈而祭亦用此圭璧以禮神也 注 圭其邸爲璧取殺於上帝 释曰云圭其邸爲璧者上文四圭兩圭及下璋邸皆言邸鄭皆以邸爲璧但此圭云璧不言邸故鄭還以邸解璧也云取殺於上帝者但郊天及神州之神雖相對但天尊地卑故四二有異鄭直云象不言殺也今日月星天神故以殺

言之也言殺者取
降殺以二爲節也 璋邸射以祀山川以造贈賓客

注璋有邸而射取殺於四望鄭司農云射剡也 釋曰此祀山川謂若宗伯云兆山川丘陵各於其方亦隨四時而祭則用此璋邸以禮神玉人云璋邸射素功以祀山川以致稍餼注云邸射剡而出也致稍餼造賓客納稾食也先鄭云素功無瑑飾也以此而言則造贈賓客謂致稍餼之時造館贈之言贈則使還之時所贈賄之等亦執以致命耳

土圭以致四時日月封國則以土地

注以致四時日月者度其景至不至以知其行得失也冬夏以致日春秋以致月土地猶度地也封諸侯以土圭度日景觀分寸長短以制其域所封也鄭司農說以玉人職曰土圭尺有五寸以致日以土地所求地中故謂之土圭 釋曰鄭云以致四時日月者度其景至不至以知其行得失也又引馮相氏云冬夏致日春秋致月者依通卦驗冬至立八尺之表畫

漏半度之表北得文三尺景只依大司徒云日至之景尺一
有五寸謂之地中是其景至也若不依此或長或短則爲
不至也云以知其行得失也者景之至否皆由人君之行
所致若景不依道度爲不至是人君之行失若景依道度
爲至是人君之行得故云知行得失若春秋致月之法亦
於春分秋分於十五日而望夜漏半而度之但景之長短
自依二分爲長短不得與冬夏日景同景之至否亦知行
之得失也云以土圭度日景觀分寸長短以制其域所封
也者日景一寸其地千里則一分百里今封諸侯無過五
百里已下止可言分而言寸者語勢連言之其實不合有
寸也先鄭引玉人職而云以求地中故謂之土圭者所用
惟置洛邑而求地中自餘或致四時之景或封諸侯所用
不必要求地中而先鄭言求
地中者據大司徒而言耳

周禮疏卷第三

周禮疏卷第二十三

唐朝散大夫行大學博士弘文館學士臣賈公彥等撰

珍圭以徵守以恤凶荒 注杜子春云珍當爲鎮書亦或爲鎮以徵守者以徵召守國諸侯若今時徵郡守以竹使符也鎮者國之鎮諸侯亦一國之鎮故以鎮圭徵之也凶荒則民有遠志不安其土故以鎮圭鎮安之玄謂珍圭王使之瑞節制大小當與琬琰相依王使人徵諸侯憂凶荒之國則授之執以往致王命焉如今時使者持節矣恤者闓府庫振救之凡瑞節歸又執以反命 釋曰子春云鎮者國之鎮者若職方每州皆云其山鎮是國之鎮據山而言玄謂珍圭王使之瑞節謂若掌節云山國土國有人節虎節是諸侯使人之瑞節此珍圭等是王使之瑞節也云制大小當與琬琰相依者案玉人琬圭九寸此珍圭玉人不言故約與琬琰同鄭云

如今時使者持節矣者即子春所云竹使符也云恤者閭府庫振救之者凶荒年穀不熟百姓困乏故知開府庫振救之府庫所以藏財貨故禮記大學云未有府庫財非其財者也若然開府庫出賞明亦開倉廩出米粟出給之也云凡瑞節歸又執以反命者此無正文要王使人執瑞節往反須反命於王明此已致命乃歸還與瑞也

牙璋以起軍旅以治兵守注鄭司農云牙璋瑑以爲牙牙齒兵象故以牙璋發兵若今時以銅虎符發兵玄謂牙璋亦王使之瑞節兵守用兵所守若齊人戍遂諸侯戍周　釋曰先鄭云牙璋瑑以爲牙牙齒兵象故以牙璋發兵者此無正文以意言之以其言牙即以牙齒解之云若今時以銅虎符發兵者案漢文帝本紀云二年九月初與郡國守爲銅虎符竹使符應劭曰銅虎符從第一至第五國家當發兵遣使者至郡國合符符合乃聽受之竹使符皆以竹箭五枚長五寸鐫刻篆書第一至第五張晏曰以代古圭璋從簡易便其事也然銅虎

竹使符漢時皇帝使者之瑞節則司農之意鎮圭牙璋之等亦王使之瑞節也但先鄭不言之故後鄭皆云王使之瑞節增成之也云節者即掌節云守邦國者用玉節則玉用玉節可知玉人云璋邸射素功以祀山川以致稍餼與此中所用同明此牙璋亦素功若然案玉人云牙璋中璋七寸射二寸厚寸以起軍旅以治兵守此不云中璋者中璋比於牙璋殺文飾揔而言之亦得名爲牙璋以其鉏牙同也以此而言此文見牙璋亦兼中璋矣若然大軍旅用牙璋小軍旅用中璋矣云若齊人戍遂者莊公十三年春齊侯會諸侯于北杏夏六月齊人滅遂傳曰遂人不至夏齊人滅遂而戍之也云諸侯戍周者昭二十七年十二月晉籍秦致諸侯之戍于周是其事也

璧羨以起度 注鄭司農云羨長也此璧徑長尺以起度量玉人職曰璧羨度尺以爲度玄謂羨不圜之貌蓋廣徑八寸袤一尺 釋曰先鄭云羨長也此璧徑長尺其義是也但語不足故後鄭增成其義也玄謂羨不圜之貌蓋廣

徑八寸袤一尺者案爾雅肉倍好謂之璧則璧體圓矣今云璧羨羨是引聲而言是爲長意故先鄭後鄭皆爲不圜也云蓋者此璧本徑九寸今言羨則減傍一寸以益上下故云以爲上下一尺則橫徑八寸矣無正文故云蓋以疑之

駔圭璋璧琮琥璜之渠眉疏璧琮以斂尸也

注鄭司農云駔外有捷盧也駔讀爲駔疾之駔疏讀爲沙謂圭璋璧琮琥璜皆爲開渠爲眉瑑沙除以斂尸令汁得流去也玄謂以斂尸者於大斂焉加之也駔讀爲組與組馬同聲之誤也渠眉玉飾之溝瑑也以組穿聯六玉溝瑑之中以斂尸圭在左璋在首琥在右璜在足璧在背琮在腹蓋取象方明神之也疏璧琮者通於天地　釋曰先鄭讀駔爲駔牙之駔故云外有捷盧捷盧若鋸牙然後鄭不從之也云駔讀爲駔疾之駔此蓋當時有駔疾之語故言爲云疏讀爲沙已下後鄭皆不從者以其王之襲斂百工干稱有餘何得更有使汁流去乎玄謂以斂尸者於大斂

焉加之也者以其六玉所與王爲飾明在衣裳之外故知在大斂後也駔讀爲組與組馬同聲之誤也者詩有執轡如組聲之誤爲駔若然後鄭讀駔本與組同聲不爲駔牙之音故得爲聲誤若本爲駔牙之音與組聲異何得爲駔也云渠眉玉飾之溝瑑也者此六玉兩頭皆有孔又於兩孔之間爲溝渠於溝之兩畔稍高爲眉瑑故云以組穿聯六玉溝瑑之中以斂尸也云圭在左已下皆約大宗伯云青圭禮東方之等以尸南首而置此六玉焉云蓋取象方明神之也者案覲禮設方明上圭下璧無璧琮此云象者彼注上下之神非天地至貴謂日月之神故上下不用璧琮此中有璧琮者象天地若然此言象方明者直取置六玉於六處不取玉形之義又案宗伯璧禮天琮禮地今此璧在背在下琮在腹在上不類者以背爲陽腹爲陰隨尸腹背而置之故上琮下璧也云疏璧琮者通於天地者天地爲陰陽之主人之腹背象之故云疏之通天地也

穀圭以和難以聘女注穀亦

王使之瑞節穀善也其飾若粟文然難仇讎和之者若春
秋宣公及齊侯平莒及郯晉侯使瑕嘉平戎于王其聘女
則以納徵焉　釋曰難謂兩諸侯相與爲怨仇王使人和
之則執以往也穀善也故執善圭和之使善也聘女亦是
和好之事故亦用善圭也知飾若粟文者以其穪穀若穀
粟然也云難仇讎者仇爲怨讎爲報有怨當報若調人和
仇讎之類也云若春秋宣公及齊侯平莒及郯者時莒與
郯不和宣公四年左氏云公及齊侯平莒及郯是也云晉
侯使瑕嘉者成公元年左氏傳云晉侯使瑕嘉平戎於王
是也其聘女則以納徵焉昏禮有六五禮用鴈納徵不用
鴈以其有束帛可執媒氏職庶民用緇帛五兩士昏禮用
三玄二纁天子加穀圭諸侯加以大璋大夫與士同故知
納徵也昏禮言納徵徵成也納此則昏禮成春秋
謂之納幣以春秋通異代指幣體以質之言也　**琬圭以**
治德以結好　注琬圭亦王使之瑞節諸侯有德王命
賜之及諸侯使大夫來聘既而爲壇會

之使大夫執以命事焉大行人職曰時聘以結諸侯之好
鄭司農云琬圭無鋒芒故治德以結好　釋曰云亦王使
之瑞節亦上文也云諸侯有德王命賜之者解經治德也
云及諸侯使大夫來聘既而爲壇會之使大夫執以命事
焉者解經結好也此即大宗伯時聘無常期一也故引大
行人時聘以結諸侯之好以證之若時見曰會諸侯來與
之會時聘使大夫來王還使大夫往會焉先鄭
云琰圭無鋒芒者對下文琰圭有鋒芒者也　琰圭以
易行以除慝注琰圭亦王使之瑞節鄭司農云琰圭有
鋒芒傷害征伐誅討之象故以易行除慝
易惡行令爲善者以此圭責讓喻告之也玄謂除慝亦於
諸侯使大夫來覜既而使大夫執而命事於壇大行人職
曰殷覜以除邦國之慝　釋曰玄謂除慝亦於諸侯使大
夫來覜既而使大夫執而命事於壇者此即大宗伯云殷
覜曰視謂一服朝之歲也故引大行人云殷覜以除邦國
之慝爲證也但上文治德與此經易行據諸侯自有善行

慝行三使人就本國治易之結好與除慝皆諸侯使大夫來聘亦王使大夫爲壇命之爲異也鄭知使大夫來皆爲壇者約君來時會朝國爲壇明臣來爲壇可知也

大祭祀大旅凡賓客之事共其玉器而奉之釋曰大祭祀兼有天地宗廟大旅中兼有上帝四望等故鄭云四圭祼圭凡賓客謂再祼一祼之等亦云奉之者送向所行禮之處也**注**玉器謂四圭祼圭之屬釋曰鄭知玉器謂四圭祼圭者上巳釋禮神曰器經云玉器故知非瑞是禮神者也云之屬者兼有兩圭璧圭璋邸之等也

大喪共其飯玉含玉贈玉釋曰大喪謂王喪兼有后世子注其中以其更不見共后世子之故也飯玉者天子飯以黍諸侯飯用粱大夫飯用稷天子之士飯用粱諸侯之士飯用稻其飯用玉亦與米同時此即禮記檀弓云飯用米貝不以食道鄭云食道褻米貝美是也含玉者則有數有形雜記云天子飯九貝諸侯七大夫

王士三貝者鄭云夏時禮以其同用貝故也周天子諸侯皆用玉亦與飯俱時行之贈玉者案既夕禮葬時椁入坎贈用玄纁束帛即天子加 注 飯玉碎玉以雜米也含玉柱以玉是贈先王之物也 左右顚及在口中者雜記曰含者執璧將命則是璧形而小耳贈玉蓋璧也贈有束帛六幣璧以帛 釋曰鄭知飯玉碎玉以雜米者以其與米同内於口中故知碎之與米同知含玉柱左右顚及在口中者案士喪禮云主人飯米置尸三加貝左中亦如之既言左右及中明知柱左右顚及口中鄭彼注象生時齒堅以此而言士喪禮用三復以雜記差之則天子用九玉諸侯用七玉大夫用五玉若然大夫已上不徒柱左右與中央耳云雜記曰含者執璧將命則是璧形而小耳者彼是諸侯薨鄰國遣大夫來弔并行含襚贈之禮諸侯用璧天子雖用玉其形無文故取諸侯法以況之天子亦爲璧形而小以其入口故知小也云贈玉蓋璧也者以既夕禮云士贈用束帛明天子亦有束帛也而小行人合六幣璧以

帛故知贈既用帛明以璧配之一疑言此者恐天子與士異士用帛天子用玉嫌不用帛故言之也案玉府已云大喪共含玉此又言之者蓋玉府主作之此官主其成事而共之

凡玉器出則共奉之 注玉器出謂王所好賜也奉之送以往遠則送於使者 釋曰云玉器出謂王所好賜也者天府云遷寶謂從國都此不言遷直言出故知王所好賜之者也云遠則送於使者者謂王使人就國賜之則往就使者付之故云送於使者也

典命掌諸侯之五儀諸臣之五等之命 注五儀公侯伯子男之儀五等謂孤以下四命三命再命一命不命也或言儀或言命互文也故書儀作義鄭司農義讀爲儀 釋曰云五儀公侯伯子男之儀者此五儀有三等之命命雖有同者其儀皆異若然大宗伯注云每命異儀貴賤之位

乃正是命異儀即異此則命同儀有異於義乖者但大宗伯經云九儀之命據九等之命爲九儀故注每命異儀是命異儀即異經云掌諸侯之五儀即是據五等之爵爲五儀是以命同儀有異此乃各有所據於義無乖也云五等謂孤以下四命三命再命一命不命也鄭知義然者此經諸臣五等在諸侯之下則遂據諸侯之下臣有五等而言諸侯之下既無一命以至五命明臣有五等通不命也是以諸侯及諸臣皆據下文諸侯諸臣而充此上之數也故下文諸侯下說大國孤四命其卿三命大夫再命士一命侯伯之卿已下如公國五命三等云或言儀或言命互文也者謂或言儀者亦有命此則諸侯之命也或言命者亦有儀此乃臣之儀也今若據爵而言則孤卿大夫士四等之儀也若據命而說則通不命爲五儀

上公九命爲伯其國家宮室車旗衣服禮儀皆以九爲節侯伯七命其國家

宮室車旗衣服禮儀皆以七爲節子男五命其國家宮室車旗衣服禮儀皆以五爲節 注上公謂王之三公有德者加命爲二伯二王之後亦爲上公國家國之所居謂城方也公之城蓋方五里宮方九百步侯伯之城蓋方七里宮方七百步子男之城蓋方五里宮方五百步大行人職則有諸侯圭藉冕服建常樊纓貳車介牢禮朝位之數焉

釋曰鄭云上公謂王之三公有德者加命爲二伯者案下文三公八命出封皆加一等謂若周公大公有德封於齊魯雖身在王朝使其子就國亦是出封加命爲上公九命者此上公則爲二伯分陝者也故大宗伯云九命作伯是也云二王之後亦爲上公者案孝經緯援神契云二王之後稱公大國稱侯故知也若然宋公爲殷之後稱公春秋之代杞爲夏後或稱侯或稱伯或稱子者杞君無道或用夷禮故貶之而不稱公也若虞公虢公非王之

三公出封亦得稱公者此殷時稱公武王滅殷虞虢無過
可退無功可進雖周之親戚仍守百里之地而稱公也自
外雖是周之同族有出封惟稱侯伯而已是以魯晉鄭衛
等皆稱侯伯鄭注巾車云王子母弟雖爲侯伯畫服如上
公乘金路是也云國家國之所居謂城方也者若孝經諸
侯稱國大夫稱家今此文無卿大夫則國家揔據諸侯
城方者也云公之城蓋方九里云云此經國家及宮室車
旗以下皆依命數而言既言國家宮室以九以七以五爲
節以天子城方十二里而言此九七五亦當爲九里七里
五里爲差矣但無正文故言蓋以疑之也案書無逸傳云
古者百里之國九里之城玄或疑焉周禮匠人營國方九
里謂天子之城今大國與之同非也然大國七里次國五
里小國三里之城爲近可也或者天子實十二里之城諸侯大國
九里次國七里小國五里如是鄭自兩解不定鄭必兩解者若案
匠人營國方九里據周天子而言則公宜七里侯伯宜五
里子男宜三里爲差也若據此文九命者以九爲節七命

者以七爲節五命者以五爲節又案文王有聲箋云築城
伊洫適與成方十里等小於天子大於諸侯以其踰越郭
制仍服章邪未敢十二里據此二文而言則周之天子城
方十二里公宜九里侯伯宜七里子男宜五里也若周天
子十二里則匠人云九里或據異代法以其匠人有夏殷
法故也鄭不言異代者以其無正文不敢斥言也是以隱
公元年祭仲云都城不過百雉雉長三丈百雉五百步大
都三之一則鄭是伯爵城有千五百步爲五里是公七里
侯伯五里子男三里矣此賈服杜君等義與鄭玄一解也
鄭又云鄭伯之城方七里大都三之一方七百步實過百
雉矣而云都城不過百雉舉子男小國之大都以駮京城
之太其實鄭之大都過百雉矣又是天子城十二里而言
也引大行人之職者經云國家宮室鄭已解訖其云車旗
衣服禮儀不可具言故引大行人爲證欲見彼具見車旗
以下之數也案大行人云上公之禮執桓圭九寸繅藉九
寸冕服九章建常九斿樊纓九就貳車九乘介九人禮九

牢其朝位賓主之間九十步侯伯於上公降殺以兩子男比於侯伯又降殺以兩爲差耳故鄭云數焉王之三公八命其卿六命其大夫四命及其出封皆加一等其國家宮室車旗衣服禮儀亦如之釋曰云王之三公八命其卿六命其大夫四命皆是在朝者云及其出封皆加一等者三公八命者爲九命上公六命卿爲七命侯伯四命大夫爲五命子男云其國家宮室車旗衣服禮儀亦如之者亦如上經以命數爲差也注四命中下大夫也出封出畿內封於八州之中加一等褒有德也大夫爲子男卿爲侯伯其在朝廷則亦如命數耳王之上士三命中士再命下士一命　釋曰云四命中下大夫也者見序官有中下大夫於此唯見四命大夫是知中下大夫同四命也云出封出畿內封於八州之中者其王朝公卿大夫亦有舊在畿內有采地之封是封畿內者也今乃封

於畿外在八州之中諸侯也云加一等褒有德也者王朝公卿大夫無功可進無過可退者不得出封以知加一等爲南面之君者是褒有德也卿爲侯伯大夫爲子男也鄭不言三公者雖出封加命爵仍是公不異故不言也云其在朝廷則亦如命數耳者若先鄭出加入亦加若毛君則出加入減若鄭君出加入則不加不減其義已備宗伯職也云王之上士三命中士再命下士一命者經既不言而鄭言之者此典命所以主命數序官有三等之士此文不見故以意推之必知士有三命以下者見經大夫四命四命以下唯有三等之命序官有上士中士下士故以三等之命而說之也然公卿大夫以入命六命四命爲陰爵者一則擬出封加爲陽爵二則在王下爲臣是陰官不可爲陽爵故也士下既無出封之理又極卑賤故有三命一命爲陽爵無嫌也

凡諸侯之適子誓於天子攝其君則下其君之禮一等未誓則以

皮帛繼子男注誓猶命也言誓者明天子既命以爲之嗣樹子不易也春秋桓九年曹伯使其世子射姑來朝行國君之禮是也公之子如侯伯而執圭侯伯之子如子男而執辟子男之子與未誓者皆次小國之君執皮帛而朝會焉其賓之皆以上卿之禮焉　釋曰鄭以誓爲命者諸侯世子皆往朝天子天子命之爲世子故以誓爲命也云言誓者明天子既命以爲之嗣樹子不易也者實是命而經云誓者謂既命以爲繼嗣使爲樹子不可改易義取公羊僖公三年齊桓公會于陽穀管仲命諸侯云無易樹子無以妾爲妻是也引桓九年曹伯使其世子射姑來朝行國君之禮者以其稱朝是行國君之禮引者證經誓於天子攝其君事也云公之子如侯伯而執圭侯伯之子如子男而執辟者以其上公九命侯伯七命子男五命經云下其君一等明依命數爲降以知義然也若公之子如侯伯在侯伯下侯伯子如子男在子男下也云子男之子與未誓者皆次小國之君執皮帛者以經云下

一等子男身五命執辟明子雖得誓以下父一等自然與公侯伯子男子未誓者同執皮帛朝會可知也云其賓之皆以上卿之禮焉者此亦約曹世子射姑來朝賓之以上卿之禮而言之也若行朝禮擯介依諸侯法其饔餼饗食一與卿同也此經誓與未誓皆據父在而言若父卒後得誓者皆得與諸侯序以無父得與正君同故也是以雜記云君薨大子號稱子待猶君也注引春秋葵丘之會宋襄公稱子而與諸侯序又定四年二月癸巳陳侯吳卒三月公會劉子晉侯宋公蔡侯衛侯陳子鄭伯以下於召陵陳子在鄭伯上則是得誓者與諸侯序也若未誓則亦當執皮帛也

公之孤四命以皮帛眡小國之君其卿三命其大夫再命其士壹命其宮室車旗衣服禮儀各眡其命之數侯伯之卿大夫士亦如之子男

卿再命其大夫壹命其士不命其宮室車旗衣服禮儀各眡其命之數注視小國之君者列於卿大夫之位而禮如子男也鄭司農云九命上公得置孤卿一人春秋傳曰列國之卿當小國之君固周制也玄謂王制曰大國三卿皆命於天子下大夫五人上士二十七人次國三卿二卿命於天子一卿命於其君下大夫五人上士二十七人小國二卿皆命於其君下大夫五人上士二十七人　釋曰云視小國之君者列於卿大夫之位而禮如子男也知義然者案大行人云大國之孤執皮帛以繼小國之君出入三積不問壹勞朝位當車前不交擯廟中無相以酒禮之其佗皆眡小國之君鄭注云此以君命來聘者也孤尊既聘享更自以其贄見執束帛而已豹皮表之爲飾繼小國之君言次之也其他謂貳車及介牢禮賓主之間擯將幣祼酢饗食之數以此而言則以皮帛者亦是更以贄見若正聘當執

圭璋也若然彼云繼小國之君謂執皮帛次小國君後則
與此注列於卿大夫位一也此言眡小國之君注云而禮
如子男則彼其佗眡小國君并彼注貳車及介以下是也
司農云九命上公得置孤卿一人春秋傳曰列國之卿當
小國之君固周制也者案昭二十三年左傳云叔孫婼爲
晉所執晉人使與邾大夫坐訟叔孫曰列國之卿當小國
之君固周制也寡君命介子服回在是其事也若然先鄭
引魯之卿以證孤者孤亦得名卿故匠人云外有九室九
卿朝焉是并六卿與二孤爲九卿亦得名卿者以其命數
同也魯是侯爵非上公亦得置孤者魯爲州牧立孤與公
同若然其孤則以卿爲之故叔孫婼自比於孤也玄謂王
制曰大國三卿皆命於天子以下者案王制之文多據夏殷
此命卿亦是夏殷法故彼下文大國之卿不過三命下卿
再命小國之卿與下大夫一命鄭注云不著次國之卿者
以大國之下互明之此卿命則異大夫皆同以此言之則
大國卿三命次國卿與大國下卿同再命小國卿與大夫

同一命彼注即引此周禮命卿大夫之法以證與古不同
之義若然此引彼夏殷命臣法周禮諸侯卿大夫命雖異
古不同五等諸侯國國皆有三卿得天子命者與夏殷同
故引之若然云大國三卿皆命於天子者上卿則命數足
矣中卿天子再命已君加一命亦爲三命下卿天子一命
若夏殷已君加一命二命足矣周則已君加二命爲三命
命足矣云下大夫五人不言命數者並不得天子命夏殷
並已君加一命周則大國之大夫再命也云上士二十七
人者夏殷之士不命其二十七士亦應有上九中九下九
而皆云上士者亦是勉人爲高行故揔以上士言之也云
次國三卿二卿命於天子者上卿天子二命已君不加中
卿天子一命已君加一命下卿天子不命已君亦加二命
爲再命故云一卿命於其君是次國之卿皆再命也若周
禮次國卿並三命亦下大夫五人上士二十七人義與大
國同也云小國二卿皆命於其君者案彼鄭注云此文似
誤脫者類上文大國次國則此小國亦當有三卿宜云小

國三卿一卿命於天子二卿命於其君則是脫亦三卿一
卿命於天子九字矣云誤者次國云二卿命於天子不言
皆此小國云二卿皆命於其君而言皆是誤故云蓋誤也
若依此三卿解之則三卿之內一卿命於天子爲一命二
卿命於其君亦各一命亦下大夫五人上士二十七人義
與上同也若周禮小國三卿皆再命亦一卿命於天子一
命已君加一命爲再命二卿命於其君不得天子命並已
君再命矣又周法次國五大夫亦與大國五大夫同再命
小國下大夫五人各一命其士公侯伯之士同一命子男
之士不命與夏殷同此文是也大司馬云大國三軍次國
二軍小國一軍軍將皆命卿者謂得天子之命者得爲軍
將也若然諸侯之臣有四命三命再命一命不命而經云
各眡其命數者謂宮室之等四命者四百步貳車四乘旗
四旒冕服四章三命者以三爲節再命一命者亦以命數
爲降殺也但大夫玄冕一命者一章裳上刺黻而已衣無
章故得玄名也則冕亦象衣無旒其士服爵弁並無章飾

是以變冕言爵弁也諸侯之大夫一命已上即有貳車
士雖一命亦無貳車天子之士再命已上可有貳車也

司服掌王之吉凶衣服辨其名物與其用事 釋曰此一
經與下文爲揔目王吉服有九大裘已下是也凶服即下
文凶事與弔是也云辯其名物者衣服有名則物色有異
同 **注** 用事祭祀視朝甸凶弔之事衣服各有所用 釋曰
也 云用事祭祀視朝甸凶弔之事者是其事各異云衣
服各有所用者謂若祀
昊天用大裘之等是也 **王之吉服祀昊天上帝則服**
大裘而冕祀五帝亦如之享先王則衮冕享先
公饗射則鷩冕祀四望山川則毳冕祭社稷五
祀則希冕祭羣小祀則玄冕 釋曰王之吉服并下
三者亦是今尊其祭

服且言　注六服同冕者首飾尊也先公謂后稷之後大王
之前不窋至諸盩饗射饗食賓客與諸侯射也
羣小祀林澤墳衍四方百物之屬鄭司農云大裘羔裘也
衮卷龍衣也鷩裨衣也毳罽衣也玄謂書曰予欲觀古人
之象日月星辰山龍華蟲作繢宗彝藻火粉米黼黻希繡
此古天子冕服十二章舜欲觀焉華蟲五色之蟲繢人職
曰鳥獸蛇雜四時五色以章之謂是也希讀爲絺或作黹
字之誤也王者相變至周而以日月星辰畫於旌旗所謂
三辰旂旗昭其明也而冕服九章登龍於山登火於宗彝
尊其神明也九章初一曰龍次二曰山次三曰華蟲次四
曰火次五曰宗彝皆畫以爲繢次六曰藻次七曰粉米次
八曰黼次九曰黻皆希以爲繡則衮之衣五章裳四章凡
九也鷩畫以雉謂華蟲也其衣三章裳四章凡七也毳畫
虎蜼謂宗彝也其衣三章裳二章凡五也希刺粉米無畫
也其衣一章裳二章凡三也玄者衣無文裳刺黻而已是
以謂玄焉凡冕服皆玄衣纁裳　釋曰云六服同冕者首

飾尊也者六服服雖不同首同用冕以首為一身之尊故少變同用冕耳丁經五服同名弁亦是首飾尊鄭不言者義可知也冕名雖同其旒數則亦有異但冕名同耳云諸公謂后稷之後大王之前不窋至諸盩者但后稷雖是公不謚為王要是周之始祖感神靈而生文武之功因之而就故特尊之與先王同是以尚書武成云先王建邦啓土尊之亦謂之先王也是以鄭云后稷之後大王之前不數后稷不窋后稷子諸盩大王父二者之間並為先公矣周本紀云后稷卒子不窋立不窋卒子鞠立鞠卒子公劉立卒子慶節立卒子皇僕立卒子差弗立卒子毀榆立卒子公非立卒子高圉立卒子亞圉立卒子公祖類立卒子古公亶父立古公亶父則大王亶父也公祖類即紺亦曰諸盩也大祫於大祖后稷廟中尸服袞冕王服亦袞冕也案中庸注云先公組紺以上至后稷天保詩注先公謂后稷至諸盩天作詩注云先公謂諸盩至不窋經皆云先公注或言后稷或不言后稷者中庸云周公成文武之德追王

大王王季上祀先公以天子之禮后稷既不追王故注先
公中有后稷也天保詩云禴祠烝嘗是四時常祭故注先
公中有后稷天作詩是祫之祭禮在后稷廟中不嫌不及
后稷故注不言后稷各有所據故注不同也云饗射饗食
賓客與諸侯射也者饗食則大行人云上公三饗三食之
等是也但饗食在廟故亦服鷩冕也與諸侯射者此大射
在西郊虞庠中亦服鷩冕也若燕射在寢則朝服若賓射
在朝則皮弁服云羣小祀林澤墳衍四方百物者此據地
之小祀以血祭社稷爲中祀埋沈已下爲小祀也若天之
小祀則司中司命風師雨師鄭不言者義可知鄭司農云
大裘羔裘也者司裘文先鄭注云大裘黑羔裘然則凡祭
之皆同羔裘義具於司裘也云袞卷龍衣也者鄭注禮記
云卷俗讀其通則曰袞故先鄭袞卷并言之也云鷩裨衣
也者案禮記曾子問云諸侯裨冕覲禮侯氏裨冕鄭注云
裨之言埤也天子大裘爲上其餘爲裨若然則裨衣自袞
以下皆是先鄭獨以鷩爲裨衣其言不足矣云毳罽衣也

者案爾雅云毛氂謂之罽則績毛爲之若今之毛布但此毳則宗彝謂虎蜼而先鄭以爲罽衣於義不可故後鄭不從也玄謂書曰至希繡而云此古天子冕服十二章舜欲觀焉者欲明舜時十二章至周無十二章之意也然古人必爲日月星辰於衣者取其明也山取其人所仰龍取其能變化華蟲取其文理作繢者繢畫也衣是陽陽至輕浮畫亦輕浮故衣繢也宗彝者據周之彝尊有虎彝蜼彝因於前代則虞時有蜼彝虎彝可知若然宗彝是宗廟彝尊非蟲獸之號而言宗彝者以虎蜼畫於宗彝則因號虎蜼爲宗彝其實是虎蜼也但虎蜼同在於彝故此亦并爲一章也虎取其嚴猛蜼取其有智以其卬鼻長尾大雨則懸於樹以尾塞其鼻是其智也藻水草亦取其有文象衣上華蟲火亦取其明粉米共爲一章取其絜亦取養人黼謂白黑爲刑則斧文近刃白近上黑取斷割焉黻黑與青爲形則兩已相背取臣民背惡向善亦取君臣有合離之義去就之理也希繡者孔君以爲細葛上爲繡鄭君讀希爲

黹紩也謂刺繒爲繡次但裳主陰刺亦是沈深之義故
裳刺也云華蟲五色之蟲孔君注以爲華象草華蟲雉也
義亦通以其草華有五色故引繢人鳥獸蛇雜四時五色
以章之爲證也華蟲名鷩者以其頭似鷩以有兩翼即曰
鳥以其體有鱗似蛇則曰蛇以其有五色成章則曰雉故
鄭注考工記云蟲之毛鱗有文采者也云希讀爲絺或作
黹字之誤也者本有此二文不同故云誤當從絺爲正也
云王者相變至周而以日月星辰畫於旌旗者若孔君義
虞時亦以日月星畫於旌旗與周同鄭意虞時無日月星
畫於旌旗若虞時日月星畫於旌旗則衣無日月星也云
所謂三辰旂旗昭其明也者所謂桓公二年哀伯辭彼三
辰則此日月星辰旂旗者謂交龍爲旂熊虎爲旗不畫日
月星連引之耳引之者證周世日月星畫於旌旗之意也
云而冕服九章者據周法而言既去日月星三章明有九
章在也云登龍於山登火於宗彝尊其神明也者鄭知登
龍於山者周法皆以蟲獸爲章首若不登龍於山則當以

山爲章首何得猶名袞龍乎明知登龍於山取其神也又知登火於宗彝者宗彝則毳也若不登火在於宗彝上則毳是六章之首不得以毳爲五章之首故知登火於宗彝取其明也云九章初一曰龍至凡五也此無正文並鄭以意解之以其衣是陽從奇數裳是陰從耦數云希刺粉米無畫也者衣是陽應畫今希冕三章在裳者自然刺繡但粉米不可畫之物今雖在衣亦刺之不變故得希名故鄭特言粉米也然則毳冕之粉米亦刺之也云玄者衣無文裳刺黻而已者以其祭服衣本是玄今玄冕一章仍以玄爲名明衣上無畫一章者刺黻於裳而已是以謂玄焉云凡冕服皆玄衣纁裳者六冕皆然故云凡以該之知玄衣纁裳者見易繫辭黄帝堯舜垂衣裳蓋取諸乾坤乾爲天其色玄坤爲地其色黄但土無正位託於南方火赤色赤與黄即是纁色故以纁爲名也

凡兵事韋弁服 釋曰以兵事有侵戰伐圍入滅非一故云凡云韋弁服者以韋爲冕又以爲服故云韋弁服 **注**

韎韋弁以韎韋爲弁又以爲衣裳春秋傳曰晉郤至衣韎韋之跗注是也今時伍伯緹衣古兵服之遺色　釋曰韎是蒨染謂赤色也以赤色韋爲弁云又以爲衣裳者左氏傳成十六年楚子曰韎韋之跗注君子也使工尹襄問郤至以弓若賈服等說跗謂足跗注屬也袴而屬於跗若據鄭雜問志則以跗爲幅注亦爲屬以韎韋幅如布帛之幅而連屬以爲衣而素裳既與諸家不同又與此注裳亦用韎韋有同者異者鄭君兩解此注與賈服同裳亦用韎韋也至彼雜問志裳用素者從白舄之義若然案聘禮云卿韋弁歸饔餼注云韋弁韎韋之弁蓋韎布爲衣而素裳與此又不同者彼非兵事入廟不可純如兵服故疑用韎布爲衣也言素裳者亦從白屨爲正也以其屨從裳色天子諸侯白舄大夫士白屨皆施於皮弁故也云今時伍伯緹衣古兵服之遺色者鄭取韎爲赤色韋猶以爲疑故舉漢事以爲况言伍伯者伍行也伯長也謂宿衛者之行長見服纁赤之衣是古兵服赤色遺象至漢時是其兵服赤之驗

也眡朝則皮弁服注視朝視內外朝之事皮弁之服十五升白布衣積素以爲裳王受
諸侯朝覲於廟則袞冕　釋曰天子三朝外朝一內朝
二皆用皮弁故經摠云眡朝則皮弁服也知皮弁之服十
五升白布衣積素以爲裳者案禮記雜記云朝服十五升
士冠禮云皮弁素積故知義然也云王受諸侯朝覲於廟
則袞冕者案覲禮云天子袞冕負黼扆節服氏云祭祀朝
覲袞冕六人維王之大常注云服袞冕者從王服故知朝
覲在廟王服袞冕若然春夏受贄在朝則是眡朝皮
弁服也其受享於廟與覲同袞冕故於廟連言朝也　凡甸
冠弁服注甸田獵也冠弁委貌其服緇布衣亦積素以爲裳諸侯以爲視朝之服詩國風曰緇衣之宜
兮謂王服此以田王卒食而居則玄端　釋曰言凡者田
獵非一故以凡廣之不言事者朝是朝日比於田獵爲數
故凡事皆不言也云冠弁委貌者士冠禮及郊特牲皆云
委貌周道鄭注士冠云委猶安也言所以安正容貌故云

委貌若以色言則曰玄冠也云其服緇布衣亦積素以爲裳者士冠禮云主人玄冠朝服緇帶素韠注云衣不言色者衣與冠同裳又與韠同色是其朝服緇布衣亦如皮弁積素以爲裳也云諸侯以爲視朝之服者士冠禮云玄冠朝服注云天子與其臣玄冕以視朔皮弁以日視朝諸侯與其臣皮弁以視朔朝服以日視朝是也引詩國風曰者是鄭緇衣之詩引之證鄭伯是諸侯服緇衣爲朝服之義也云王卒食而居則玄端者案玉藻韠君朱大夫素士爵韋鄭注云天子諸侯玄端朱裳以其云朱韠韠同裳色故也鄭因朝服而說玄端者以朝服與玄端大同小異以其玄冠緇布衣皆有正幅爲端則同但易其裳耳故因說玄端也若然大夫素韠則素裳其士韠言爵爵是不純之名以其士冠禮上士玄裳中士黃裳下士雜裳雜裳者前三幅玄後四幅黃故爵韠也言凡甸冠弁服據習兵之時若下四時則當戎服是以月令季秋天子乃教於田獵以習五戎司徒搢扑北面以誓之天子乃厲飾執弓挾矢以獵

注云厲飾謂戎服尚威武也以此覩之習五戎司徒誓之不戎服著冠弁可知是以襄十四年夏四月左傳云衞獻公戒孫文子寗惠子食而射鴻於囿二子從之公不釋皮冠則皮弁韋弁同但色異耳故以韋弁為皮弁是其正田周章弁也

凡凶事服弁服注服弁喪冠也其服斬衰齊衰釋曰服弁於上下文不類者以是喪服故變其文也天子諸侯絕傍期正統之期猶不降故兼云齊衰其正服大功亦似不降也大功章曰適婦注云適子之婦傳曰何以大功也不降其適也既無所指斥明關之天子諸侯也又服問云君所主夫人妻大子嫡婦既言君所主服不降也如是則為適孫之婦又當小功今注止云斬衰齊衰者以其正服齊衰是不降之首然則王為適子斬衰其為適孫適曾孫適玄孫適來孫則皆齊衰不杖章云適孫傳曰何以期也不敢降其適也有適子者無適孫孫婦亦如之玄謂凡父於將為後者非長子皆期然則王禮亦適子死有適孫適孫死有適曾孫向下皆然也

又案喪服傳云始封之君不臣諸父昆弟封君之子不臣諸父而臣昆弟天子之義亦當然若虞舜之與漢高皆庶人起爲天子蓋亦不臣諸父昆弟而有服也

凡弔事弁經服釋曰弔事言凡者以其弔事非一故亦云凡以廣之也弁經

注弁經者如爵弁而素加環經論語曰羔裘玄冠不以弔經大如緦之經其服錫衰緦衰疑衰諸侯及卿大夫亦以錫衰爲弔服喪服小記曰諸侯弔必皮弁錫衰則變其冠耳喪服舊說以爲士弔服素委貌冠朝服此近庶人弔服而衣猶非也士當事弁經疑衰變其裳以素耳國君於其臣弁經他國之臣則皮弁大夫士有朋友之恩亦弁經故書弁作絻鄭司農絻讀爲弁弁而加環經環經即弁經服

釋曰云弁經者如爵弁而素者爵弁之形以木爲體廣八寸長尺六寸以三十升布染爲爵頭色赤多黑少今爲弁經之弁其體亦然但不同爵色之布而用素爲之故云如爵弁而素云加環經者凡五服之經皆兩股絞之今

言環絰即與絞絰有異矣謂以麻爲體又以一股麻爲體糾而橫纏之如環然故謂之環絰亦於素弁之上故言加環絰也云論語曰羔裘玄冠不以弔者彼謂小斂之後主人已改服客則不用玄冠羔裘朝服以弔之引之者證凡弔服及弁絰皆施之於小斂已後也云絰大如緦之絰者弔服環絰大小無文但五服之絰緦絰最小弔服之絰亦不過之是以約同緦絰故云絰大如緦之絰也云其服錫衰緦衰疑衰者此文弔事之絰下文陳三等弔服錫衰以下明上下相成故據下文而說也云諸侯及卿大夫亦以錫衰爲弔服知者案服問云君爲卿大夫錫衰當事則弁絰大夫相爲亦然故知之也云喪服小記曰諸侯弔必皮弁錫衰則變其冠耳者不言君而言諸侯則是弔異國之臣法不著弁絰而云皮弁故云變其冠耳云喪服舊說以爲士弔服素委貌冠朝服此近庶人弔服而衣猶非也者此引舊說而破之庶人弔服首服素冠而素裳其衣裳當疑衰故喪服鄭注云士疑衰素裳冠則皮弁之絰庶人不

爵弁則其弔冠素委貌也若然士與庶人服同冠弁則異
也云國君於其臣弁經者服問云當事則弁經是也云他
國之臣則皮弁者喪服小記文是也云大夫士有朋友之
恩亦弁經者喪服記云朋友麻故知大夫於士士自相於
有朋友之恩者服麻也大夫相於不假朋友恩以其服問
卿大夫相爲亦錫衰弁經不言朋友也凡弔服天子之服
於此上下文具矣其諸侯弔服亦應三衰俱有知者以天
子自大裘以下至素服上公自袞冕以下如王之服侯伯
自鷩冕而下如公之服子男自毳冕而下如侯伯之服皆
相如明諸侯三衰皆有但所用據文唯有服問云爲卿大
夫錫衰以居出亦如之當事則弁經其用緦衰疑衰則文
王世子注同姓之士緦衰異姓之士疑衰以其卿大夫已
用錫衰故以二衰施於同姓異姓之士也案士喪禮注云
君弔必錫衰者蓋士有朋友之恩者加之與大夫同用錫
衰耳大夫相於必用錫衰者以大夫雖以降服仍有小功
降至緦麻則不得以緦衰爲弔緦衰既不弔明疑衰亦不

可爲故以錫衰爲弔服也士之弔服不用錫衰者避大夫
疑衰不用疑裳者鄭注喪服云避諸侯也凡弔服皆既葬
除之其大夫妻亦與大夫同故喪服云大夫弔於命婦錫
衰命婦弔於大夫亦錫衰注云弔於命婦命婦死也是也
服問云爲其妻出則不弔與大夫小異耳

凡喪爲天王斬衰爲王后齊衰

注王后小君也諸侯爲之不杖期　釋曰云凡喪者諸侯
諸臣皆爲天王斬衰王后齊衰故云凡以廣之鄭云王后
小君也者解經臣爲王后著齊衰之意鄭又云諸侯爲之
不杖期者案喪服不杖章云爲君之母妻傳曰何以期也
從服也但諸臣亦爲王斬衰爲后期鄭特言諸侯者以喪
服斬衰章云臣爲君諸侯爲天子及至不杖章直云爲君
之母妻不別見諸侯爲后之文故鄭解之本不見諸侯爲
后者以其諸侯爲后與臣爲之同故不別見也六卿大夫
適子爲君夫人亦與諸臣同士之子賤無服當從庶人禮
服問云諸侯之世子不爲天子服注云遠嫌也與畿外之

民同服服問又云大夫之適子爲君夫人大子如士服注大夫不世子不嫌也士爲國君斬小君期大子君服斬臣從服期天子卿大夫適子

王爲三公六卿錫衰爲諸侯緦衰爲大夫士疑衰其首服皆弁絰

亦當然故云如士服也

釋曰天子臣多故三公與六卿同錫衰諸侯五等同緦衰大夫與士同疑衰不見三孤者與六卿同又不辨同姓異姓亦以臣故也云首服皆弁絰者三衰同皆弁絰

注 君爲臣服弔服也鄭司農云錫麻之滑易者十五升去其半有事其布無事其縷緦亦十五升去其半有事其縷無事其布疑衰十四升衰玄謂無事其縷哀在內無事其布哀在外疑之言擬也擬於吉

釋曰君爲臣服弔服也者欲見臣爲君斬君爲臣無服直弔服既葬除之而已鄭司農解錫衰緦衰者喪服傳文其緦衰疑衰無文先鄭當更有所見後鄭皆從但增成其義耳鄭注喪服破升皆爲登布八

十縷爲登登成也今云十五升則千二百縷去其半則六
百縷也云有事其縷無事其布者皆謂以水濯治去其
垢者也云謂疑之言擬也擬於吉者以其吉服十五升今
縗衰十四升少一升而已故云擬於吉者也凡弔皆不見
婦人弔服者以婦與夫同故喪服云大夫弔於命婦錫衰
命婦弔於大夫錫衰是婦與夫同其首服即鄭注喪服云
凡婦人弔服吉笄
無首素總是也

大札大荒大烖素服

注大札疫病也大荒饑饉也大烖水火爲害君臣素服縞冠若晉伯宗哭梁山之崩
釋曰知大札疫病者以春秋傳有夭昏札瘥之文故知札
爲疫病也云大荒饑饉也者爾雅穀不熟曰饑蔬不熟曰
饉即曲禮云歲凶年穀不登是也云大烖水火爲害者謂
若春秋宋災謂有水災爲害又孔子世家云哀三年孔子
云桓僖災又公羊云雉門災之類皆火災也云君臣素服
縞冠若晉伯宗哭梁山之崩者事在成五年引之者證服
此素服首服縞冠之意若然梁山崩非大札大荒大烖引

為證者欲見山崩與大札[illegible]大荒服同是以大司樂云凡日月食四鎮五嶽崩令去[illegible]下文云大札大凶大烖令弛縣弛縣與去樂互相明則去樂是同梁山崩又是四鎮五嶽之類則大札大荒素服[illegible]冠與哭梁山崩同可知若然此言素服案玉藻云年不[illegible]成則天子素服乘素車食無樂義與此合彼又云年不[illegible]成大夫不得造車馬君衣布搢本義與此違者彼衣布謂[illegible]常服謂禱祈義與此同也

周禮疏卷第二十三

周禮疏卷第二十四

唐朝散大夫行大學博士弘文館學士臣賈公彥等撰

公之服自袞冕而下如王之服侯伯之服自鷩冕而下如公之服子男之服自毳冕而下如侯伯之服孤之服自希冕而下如子男之服卿大夫之服自玄冕而下如孤之服其凶服加以大功小功士之服自皮弁而下如大夫之服其凶服亦如之其齊服有玄端素端釋曰陳天子吉凶之服訖自此已下

陳諸侯及其臣之服貴賤不同之事也但上具列天子之服此文以上公自衮冕以下差次如之上得兼下下不得僭上也大夫云凶服加以大功小功者天子諸侯自旁期已下皆絶而不爲服大夫加以大功小功謂本服大功小功者其降一等小功降仍有服緦者其本服之緦則降而無服云士之服自皮弁而下者士之助祭服爵弁不言爵弁者以其爵弁之服惟有承天變時及天子哭諸侯乃服之所服非常故列天子吉服不言之今以次轉相如不得輒於士上加爵弁故以皮弁爲首但皮弁亦是士助君視朔之服也云其凶服亦如之者亦如大夫有大功小功但士無降服則亦有緦服故鄭增之也其齊服有玄端者則士冠上士玄裳中士黄裳下士雜裳特牲士之專祭之服也素端者即上素服爲札荒祈請之服也

注 自公之衮冕至卿大夫之玄冕皆其朝聘天子及助祭之服諸侯非二王後其餘皆玄冕而祭於己雜記曰大夫冕而祭於公弁而祭於己士弁而祭於公冠而祭於己大夫爵弁自祭

家廟唯孤爾其餘皆玄冠與士同玄冠自祭其廟者其服
朝服玄端諸侯之自相朝聘皆皮弁服此天子曰視朝之
服喪服天子諸侯齊斬而已卿大夫加以大功小功士亦
如之又加緦焉士齊有素端者亦爲札荒有所禱請變素
服言素端者明異制鄭司農云衣有襦裳者爲端玄謂端
者取其正也士之衣袂皆二尺二寸而屬幅是廣袤等也
其袪尺二寸大夫已上侈之侈之者蓋半而益一焉半而
益一則其袂三尺三寸袪尺八寸　釋曰云自公袞冕至
卿大夫之玄冕皆其朝聘天子及助祭之服者此上公袞
已下既非自相朝聘之服又非已之祭服案曾子問云諸
侯裨冕出視朝鄭云爲將廟受謂朝天子時也春夏受享
於廟秋冬一受之於廟是受享言皆在廟是受朝之事
及助祭在廟理當裨冕也若卿大夫聘天子受之在廟及
助祭亦申冕服可知故鄭君臣朝聘並言也云諸侯非二
王後其餘皆玄冕而祭於已知之者案玉藻云諸侯玄端
而祭注云端當爲冕是諸侯玄冕自祭於己也案玉藻云

諸侯祭宗廟之服惟魯與天子同也注云諸侯非二王後
其餘皆玄冕祭於己彼不言二王後此不言魯者彼此各
舉一邊而言其實相兼乃具也魯雖得與天子同惟在周
公文王廟中得用袞冕故明堂位云季夏六月以禘禮祀
周公於大廟云天子之禮是也若餘廟亦玄冕或可依公
羊傳云白牡周公牲騂犅魯公牲羣公不毛魯公既與羣
公別牲而用騂犅則其服宜用鷩冕可也其二王後惟祭
受命王得用袞冕其餘廟亦得用玄冕也云雜記曰大夫
冕而祭於公弁而祭於己士弁而祭於公冠而祭於己大
夫爵弁自祭家廟惟孤爾其餘皆玄冠與士同者鄭引雜
記者上已說諸侯祭於已訖更明孤已下自祭不得由上
服之意也云其餘皆玄冠與士同者諸侯除孤用爵弁之
外卿大夫等皆用玄冠與士同故少牢是上大夫祭用玄
冠朝服特牲是士禮用玄冠玄端是其餘皆玄冠與士同
也卄六天子大夫四命與諸侯之孤同亦以爵弁自祭天子
之士冠與諸侯上大夫同用朝服也云玄冠自祭其廟者

其服朝服玄端者朝服據少牢大夫禮玄端據特牲士禮
而言也云諸侯之自相朝聘皆皮弁服者欲見此經上服
惟施於入天子廟不得入諸侯廟之意必知諸侯自相朝
聘用皮弁者見聘禮主君及賓皆皮弁諸侯相朝其服雖
無文聘禮主君待聘者皮弁明待諸侯朝亦皮弁可知且
曾子問云諸侯朝天子冕而出視朝爲將廟受及彼下文
諸侯相朝云朝服而出視朝鄭云爲事故據此上下而言
明自相朝不得與天子同即用皮弁可知也云此天子曰
視朝之服者此解皮弁非諸侯常服之物惟於朝聘乃服
之意也云喪服天子諸侯齊斬而已者欲見大夫言大功
小功天子諸侯不言之意也天子諸侯絶旁期此云齊者
據爲后夫人而言若然天子於適孫承重亦期周之道有
適子無適孫若無適子自然立適孫若無適孫立適曾孫
亦期及至適玄孫皆然也既爲適孫有服而適子之婦大
功若於適孫巳下之婦承重者皆小功矣今特言齊者舉
后夫人重者而言云卿大夫加以大功小功者是據正服

大功小功若緦則降而無服故不言云士亦如之又加緦焉
者士不降服明知更加緦也云士齊有素端者亦爲札荒有
所禱請者然上文已云素服士旣轉相如已有素服矣今於
經別云玄端素端爲士設文者以其大夫已上侈袂同惟
士不得侈袂以端爲之故經別見端文也若然士之素端
言齊者見禱請也則上文素服亦是齊服禱請可知也云
變素服言素端者明異制者鄭解士別見文素意也鄭司
農云衣有襦裳者爲端者此端據正幅不據襦裳故後鄭
不從也玄謂端者取其正也者端正也故以正幅解之也
云士之衣袂皆二尺二寸而屬幅是廣袤等也者云衣袂
二尺二寸喪服記文故彼云衣二尺有二寸注云此謂袂
中也言衣者明與身參齊是玄端之身長二尺二寸今兩
邊袂亦各屬一幅幅長二尺二寸上下亦廣二尺二寸故
云屬幅廣袤等袤則長也言皆者皆玄端素端二者同也
云其袪尺二寸者據玉藻深衣之袪尺二寸而言也云大
夫已上侈之侈之者蓋半而益一焉半而益一則其袂三

尺三寸袪尺八寸者此亦無正文案禮記雜記云凡弁絰服其衰侈袂少牢主婦衣綃衣亦云侈袂侈大也鄭以侈爲大即以意爲半而益一以解之也孔子大袂單衣亦如此也凡天子冕服有章者舊說天子九章據大章而言其章別小章章依命數則皆十二爲節上公亦九章與天子同無升龍有降龍其小章章別皆九而已自餘鷩冕毳冕以下皆然必知有小章者若無小章絺冕三章則孤有四命六命卿大夫玄冕一章卿大夫中則有三命二命一命天子之卿六命大夫四命明中有小章乃可得依命數

凡大祭祀大賓客共其衣服而奉之

注奉猶送也送之於王所

釋曰云大祭祀則中兼有次小祭祀以其皆是王親祭故舉大而言賓客言大者據諸侯來朝也王者不敢遺小國之臣則其臣來聘亦有接待之法亦略舉大而言皆當奉衣服而送之於王王服之以祭祀及接賓客也

大喪共其復衣服斂衣

服、奠衣服、斂衣服，皆掌其陳序。釋曰：云大喪王喪，其中兼小喪也。復衣服謂始死招魂復魄之服，案《雜記》云：復者升屋西上，則皆依命數，天子則十二人，諸侯九人、七人、五人，大夫士亦依命數，人執一領，天子衮冕巳下，上公亦皆用助祭之上服。云斂衣服者，小斂皆十九稱，大斂則士三十稱，大夫五十稱，諸侯皆百稱，天子蓋百二十稱。注 奠衣服，今坐上魂衣也。故書歛爲淫，鄭司農云：淫讀爲歛，歛，陳也。玄謂歛衣服所藏於椁中。釋曰：云奠衣服今坐上魂衣也者，案下《守祧職》云遺衣服藏焉，鄭云大斂之餘也，至祭祀之時則出而陳於坐上，則此奠衣服者也。云玄謂歛衣服所藏於椁中者，此則明器之衣服，亦沽而小者也。

典祀掌外祀之兆守，皆有域，掌其禁令。釋曰：云掌外祭祀之兆守皆有域掌其禁令者，謂遮列不得有人來入域中，故云禁令也。注 外祀謂所祀於四郊者。域，兆表

之塋域　釋曰云所祀於四郊者域兆表之塋域者此即小宗伯所云兆五帝於四郊四類四望亦如之兆山川丘陵已下皆是典祀掌之也言兆域壉壇外爲壝埒爲表塋域者也　若以時祭祀則帥其屬而脩除徵役于司隸而役之　釋曰云以時祭祀者謂天地山川祭祀皆有時也　注屬其屬胥徒也脩除芟埽之徵召也役之作使之　釋曰鄭知其屬是胥徒者以其典祀身是下士其下惟有胥徒故知也不言府史者府史非役者也徵召也以其司隸　衆隸主供役使故云作使之也　及祭帥其屬而守其厲禁而蹕之　注鄭司農云遮列禁人不得令入　釋曰其屬還是胥徒厲是遮列蹕是止行人故云遮列禁人不得令入也

守祧掌守先王先公之廟祧其遺衣服藏焉　注廟

謂大祖之廟及三昭三穆遷主所藏曰祧先公之遷主藏
于后稷之廟先王之遷主藏于文武之廟遺衣服大斂之
餘也故書祧作濯鄭司農濯讀爲祧此王者之宮而有先
公謂大王以前爲諸侯　釋曰云廟謂大祖之廟及三昭
三穆者王制云天子七廟三昭三穆與大祖之廟而七又
祭法云王立七廟曰考廟曰王考廟曰皇考廟曰顯考廟
曰祖考廟皆月祭之有二祧享嘗乃止據周而言是知廟
祧中有三昭三穆與大祖之廟也云遷主所藏曰祧者以
祭法云遠廟爲祧去祧爲壇既言去祧爲壇[illegible]遷主先入
祧乃至壇耳故知祧是遷主所藏云先公之遷主藏于后
稷之廟者先公謂諸盩已前不追謚爲王者先公之主不
可下入子孫廟故知向上入后稷廟案聘禮云不腆先君
之祧既拚以俟諸侯無二祧先祖之主皆藏於大祖廟故
名祧若然后稷廟藏先公不名祧者以有太祖廟名又文
武已名祧故后稷不名祧也若然大王王季之主不可入
文武祧亦當藏於后稷廟也云先王之遷主藏于文武之

廟者當周公制禮之時文武本親廟四之内未毀不得爲祧然文武雖未爲祧已立其廟至後子孫文武應遷而不遷乃爲祧也其立廟之法后稷廟在中央當昭者處東當穆者處西皆别爲宫院者也案孔君王肅之義二祧乃是高祖之父高祖之祖與親廟四皆次第而遷文武爲祖宗不毀矣鄭不然者以其守祧有奄八人守七廟幷姜嫄廟則足矣若益二祧則十廟矣奄八人何以配之明其義非也云遺衣服大斂之餘也者案士喪禮云小斂十九稱不必盡服則小斂亦有餘衣必知據大斂之餘者小斂之餘至大斂更用之大斂餘乃留之故知此遺衣服無小斂餘也先鄭云此王者之宫而有先公謂大王以前爲諸侯者謂不窋已後諸盩已前爲諸侯者后稷雖不謚爲王以其爲始祖故祫祭在焉從先王例也

若將祭祀則各以其服授尸 注尸當服卒者之上服以象生時 釋曰尸服卒者之上服士虞記文鄭引之者欲見天子已下凡尸皆服死者大斂之

遺衣其不服者以爲奠衣服者以鄭云象生也旣言卒者上服則先王之尸服袞冕先公之尸服鷩冕也若然士爵弁以助祭祭宗廟服玄端而士虞特牲尸不服爵弁者爵弁是助祭諸侯廟中乃服之士尸還在士廟故尸還服玄端爲上服也曾子問云尸弁冕而出卿大夫士皆下之注云弁冕者君之先祖或有爲大夫士者則是先君之先祖爲士尸服卒者上服不服玄端而服爵弁者爵弁本以助祭在君廟君先祖雖爲士今爲尸還在君廟中故服爵弁不服玄端

其廟則有司脩除之其祧則守祧黝堊之

注廟祭此廟也祧祭遷主有司宗伯也脩除黝堊互言之有司恒主脩除守祧恒主黝堊鄭司農云黝讀爲幽幽黑也堊白也爾雅曰地謂之黝牆謂之堊　釋曰云廟祭此廟也者凡廟舊皆脩除黝堊祭更脩除黝堊示新之敬也今將祭而云脩除知祭此廟也云祧祭遷主者以遷主藏於祧故也案上司尊彝有追享鄭云追祭遷廟之主謂禘

祈制此祭遷主之謂也云有司宗伯也者以其宗伯主立
廟祀又祊祧濯脩除亦是絜靜之事故知有司是宗伯爲
之云脩除黝堊互言之者鄭以二者廟祧並有而經廟直
言脩除直言黝堊故互而通之明皆有也以鄭云有司恒
主脩除祧亦脩除之守祧恒主黝堊廟亦黝堊之先鄭讀
黝爲幽幽是北方北方其色黑欲見地謂之幽取黑義也
知堊是白者以其堊與幽黑白相對故知堊
是白即掌蜃之白盛之蜃故引爾雅證之 **既祭則藏**

其隋與其服 注鄭司農云隋謂神前所沃灌器名
玄謂隋尸所祭肺脊黍稷之屬藏之
以依神 釋曰案特牲少牢及曾子問皆有墮祭之事今
先鄭以隋爲神前沃灌器故後鄭不從也玄謂隋尸所祭
肺脊黍稷之屬者案特牲禮祝命挼祭尸取菹擩于醢祭
于豆間佐食取黍稷肺祭授尸尸祭之注云肺祭刌肺是
其隋者彼不言脊以誤所以誤有脊者特牲禮云佐食舉
肺脊以授尸尸受振祭嚌之是以於此誤有脊但彼是尸

食而舉者故有脊此脂祭不合有也云藏之
以依神者此義與祭地理之同故云依神也

世婦掌女宮之宿戒及祭祀比其具注女宮刑女給宮中事者宿戒當給事豫告之齊戒也比次也具所濯摡及粢盛之爨鄭司農比讀爲庀庀具也 釋曰此世婦是宮卿之官也言女宮刑女給宮中之事者古者從坐男女沒入縣官男子爲奴隸女子入宮給使役故云刑女也云宿戒當給事豫告之齊戒也者此亦祭前十日戒之使齊祭前三日又宿之故宿戒並言知比具所濯摡及粢盛之爨者濯摡粢盛皆婦人之事二十七世婦職云帥女宮而濯摡爲齍盛儀禮特牲云主婦視饎爨饎爨亦女宮之事故知也先鄭云庀庀具也者先鄭周禮內有比皆爲庀具釋之

詔王后之禮事注薦徹之節 釋曰知此詔王后之禮事是薦徹之節者見外宗云佐王后薦徹故知詔告是薦徹籩豆之節

帥六宮之人

共齍盛注帥世婦女御 釋曰知帥六宮之人是世
婦女御者案二十七世婦職云帥女宮爲齍
盛女御職云凡祭祀贊世婦鄭注云助其
帥涖女宮是以知齍盛世婦女御之事也相外內宗之
禮事注同姓異姓之女有爵佐后者 釋曰鄭以同姓
異姓之女有爵以解外內宗者序官云內宗凡內
女之有爵者是同姓之女有爵又云外宗凡外女之有爵
者是異姓之女有爵故知之也知相是佐后者外宗云佐
后薦徹豆籩內宗云及以樂徹則佐傳豆籩注
云佐外宗故知外內宗轉相佐后此官相之也大賓客
之饗食亦如之 釋曰賓客饗食王后亦有助王禮賓
之法故內宰凡賓客之祼獻瑤爵皆
贊注云謂王同姓及二王之後來朝覲爲賓客者祼之禮
亞王而禮賓獻謂王饗燕亞王獻賓也瑤爵所以亞王酬
賓也是其饗有后事也彼不言食食之注此帥詔相其事
禮亦當有后助王之事故此言之也同 釋曰此揔

說上文四經所云比帥詔相言雖
不同其事則同故云亦如之耳　大喪比外內命婦
之朝莫哭不敬者而苛罰之注苛譴也　釋曰大喪
謂王喪王喪則殯後有
朝夕哭事外命婦朝廷卿大夫士之妻內命婦九嬪
已下以尊卑爲位而哭而有不敬者則呵責罰之　凡王
后有操事於婦人則詔相注鄭司農云謂爵婦人
玄謂拜拜謝之也喪大
記曰夫人亦拜寄公夫人於堂上　釋曰先鄭云謂爵
婦人者此經自以爲一義不違上大喪之事言爵婦人
者天子命其臣后亦命其婦是爵命婦人也言王后有
拜事於婦人謂受爵命之時有拜謝王后也後鄭不從
者上言大喪下言后之拜事則所拜者爲大喪而拜故
引喪大記爲證但喪大記所云者是諸侯之喪主人拜
寄公於門西夫人亦拜寄公夫人於堂上其寄公是主
人體敵故也明知天子之喪世子亦拜二王後於堂下

后亦拜二王後夫人於堂上可知是以僖公二十四年左
氏傳云宋公過鄭鄭伯問禮於皇武子武子對曰宋於周
爲客天子有事膰焉有喪拜焉謂王喪二王後來奔弔王
拜之明二王後夫人來弔后有拜法若然二王後夫人得
有赴王喪者或夫人家在畿
內來歸寧值王喪則弔赴也 凡內事有達於外官者
世婦掌之 注主通之使相共授 釋曰王后六宮之內
有徵索之事須通達於外官者世婦宮卿主
通之使相共
給付授之也 內宗掌宗廟之祭祀薦加豆籩 釋曰
婦人
無外事惟有宗廟祭祀薦加豆
籩以豆籩是婦人之事故薦之 注 加爵之豆籩故書爲籩
豆鄭司農云謂婦人所
薦杜子春云當爲豆籩 釋曰鄭知加豆籩是加爵之豆
籩者以其食後稱加特牲少牢食後三獻爲正獻其後皆
有加爵今天子禮以尸既食后亞獻尸爲加此時薦之 及
故云加爵之豆籩即醢人籩人加豆加籩之實是也

以樂徹則佐傳豆籩注佐傳佐外宗釋曰鄭知佐外宗者見外宗云佐王后薦玉豆籩故云佐外宗也但豆籩后於神前徹之傳與外宗外宗傳與內宗內宗傳與外者故知佐傳也賓客之饗食亦如之釋曰饗食賓客俱在廟饗食訖徹器與祭祀同亦后徹外內宗佐傳故云亦如之王后有事則從釋曰內宗於后有事皆從故於此揔結之也大喪序哭者注次序外內宗及命婦哭王釋曰知次序外內宗者見外宗云大喪則敘外內朝莫哭者故知所次序有外內宗也知有命婦者上世婦職已云大喪比外內命婦之朝莫哭者故序哭中有命婦也哭諸侯亦如之釋曰此諸侯來朝薨於王國王爲之緦衰者也若檀弓云以爵弁絰衣哭諸侯彼謂薨於本國王遥哭之則婦人不哭之婦人無外事故也凡卿大夫之喪掌其弔臨注王

后弔臨諸侯而已是以言掌卿大夫云　釋曰云王后弔
臨諸侯而已是以言掌卿大夫云者諸侯爲賓王后弔臨
之卿大夫已臣輕故王后不弔故遣內宗掌弔臨之事明
爲后掌之若然天官世婦云掌弔臨于卿大夫之喪者彼
爲王故彼注云王使往弔也此后不弔臨大夫之喪
案喪大記諸侯夫人弔臨卿大夫者諸侯臣少故也
外宗掌宗廟之祭祀佐王后薦玉豆眡豆籩及
以樂徹亦如之　注視視其實　釋曰云佐王后薦玉豆
者凡王之豆籩皆玉飾之餘文豆籩不
云玉者文略皆有玉可知若然直云薦豆不云籩者以豆
云玉略籩不言義可知也云眡豆籩者謂在堂東未設之
時眡其實也云及以樂徹亦如之
者亦佐后也猶仍有內宗佐傳也　王后以樂羞齍則
贊　注贊猶佐也　釋曰羞進也齍黍稷也后進黍稷之
時依樂以進之言則贊者亦佐后進之案九嬪職云

凡祭祀贊玉齍贊后薦徹豆籩則薦徹俱言玉齍玉敦盛黍稷言贊不言徹則后薦而不徹也其徹諸官爲之故楚茨詩云諸宰君婦廢徹不遲黍稷宰徹之若然豆籩與齍此官已贊九嬪又贊者以籩豆及黍稷器多故諸官共贊

凡王后之獻亦如之 注獻獻酒於尸 釋曰云獻獻酒於尸者則朝餞饋獻及酳尸以食後酳尸亦是獻獻中可以兼之亦贊可知也

王后不與則贊宗伯 注后有故不與祭宗伯攝其事 釋曰案宗伯云凡大祭祀王后不與則攝而薦徹豆籩若然宗伯非直攝其祼獻而已於后有事豆籩及簠簋等盡攝之耳

小祭祀掌事賓客之事亦如之 注小祭祀謂在宮中 釋曰知小祭祀謂在宮中者以其后無外事故知謂宮中宮中小祭祀則祭法王立七祀七祀之中行中霤司命大厲是外神后不與惟有門戶竈而已案小司徒云小祭祀奉牛牲注云小祭祀王玄冕所祭者彼兼外

如故以玄冕該之也云賓客之事亦如之者饗食亦掌事如小祭祀也

大喪則敘外內朝莫哭者哭諸侯亦如之

注內內外宗及外命婦 釋曰經直云外內鄭云內外宗及外命婦則內中以兼外宗外中不兼內命婦也經不云內外宗內外命婦者意欲見內是內宗舉內以見外其外中則不得舉外以見內以其內命婦九嬪敘之也故九嬪職云大喪帥敘哭者注云后哭眾乃哭是內命婦九嬪敘之故鄭亦不書內命婦也

冢人掌公墓之地辨其兆域而為之圖先王之葬居中以昭穆為左右

注公君也圖謂畫其地形及丘壟所處而藏之先王造塋者昭居左穆居右夾處東西 釋曰訓公為君者言公則諸侯之通稱言君則上通天子此既王之墓域故訓為君也云圖謂畫其地形及丘壟所處而藏之者謂未有死者之時先畫其地之形勢豫圖出

其丘壟之處丘壟之言即下文丘封是也旣爲之圖明藏掌後須葬者依圖置之也云先王造塋者但王者之都有遷徙之法若文王居豐武王居鎬平王居於洛邑所都而葬即是造塋者也若文王在豐葬於畢子孫皆就而葬之即以文王居中文王第當穆則武王爲昭居左成王爲穆居右康王爲昭居左昭王爲穆居右巳下皆然至平王東遷死葬即又是造塋者子孫據昭穆夾處東西若然兄死弟及俱爲君則以兄弟爲昭穆以其弟巳爲臣臣子一列則如父子故別昭穆也必知義然者案文二年秋八月大事于大廟躋僖公謂以惠公當昭隱公爲穆桓公爲昭莊公爲穆閔公爲昭僖公爲穆今升僖公於閔公之上爲昭閔公爲穆故云逆祀也知不以足弟同昭位升僖公於閔公之上爲逆祀者案定公八年經云從祀先公傳曰順祀先公而祈焉若本同倫以僖公升於閔公之上則以後諸公昭穆不亂何因至定八年始云順祀丁明十丁以僖閔昭穆別故於後皆亂也若然兄弟相事後事兄爲君則昭穆

易可知但置塋以昭穆夾處與置廟同也凡諸侯居左右以前卿大夫士居後各以其族釋曰言凡者以其非一故弁卿大夫以凡之此因上而言以其王之子孫皆適爲天子庶爲諸侯卿大夫士若出封畿外爲諸侯卿大夫士者因彼國葬而爲造塋之主今言諸侯卿大夫士者謂上文先王子孫爲畿內諸侯王朝卿大夫士死者則居先王前後之左右言居左右者若父爲先王是昭則子爲穆居右若父是穆則子爲昭居左爲卿大夫居後亦然但昭穆不定故左右俱言謂一父之前後左右竝有也云各以其族者謂次第假令同昭穆兄當近王墓弟則遠王墓爲次第諸侯言左右卿大夫士下云各以其族互相通也注子孫各就其所出王以尊卑處其前後而亦併昭穆釋曰言子孫者據造塋者所生爲子已後左右王之所生累世皆是孫言以尊卑處其前後者尊謂諸侯卑謂卿大夫士云亦併昭穆者謂兄弟同倫當昭自與

昭併當穆自與穆併不謂昭穆併有也　凡死於兵者不入兆域　注戰敗無勇投諸塋外以罰之　釋曰曲禮云死寇曰兵注云當饗祿其後即下文云凡有功者居前是也此是戰敗故投之塋外罰之也　凡有功者居前　注居王墓之前處昭穆之中央　釋曰云居前則不問爲諸侯與卿大夫士但是有功則得居王墓之前以表顯之也此則曲禮云死寇曰兵兼餘功若司勳王功事功國功之等皆是也言處昭穆之中央者上云諸侯居左右已前即是昭居左穆居右今云昭穆之中央謂正當王冢前由其有功故特居中顯異之也　以爵等爲丘封之度與其樹數　釋曰此文自王巳下皆有而云爵等爲丘封之度則天子亦是爵號也雖云度與樹數天子巳下無差次之丈　注別尊卑王公曰丘諸臣曰封漢律曰列侯墳高四丈關內侯以下至庶人各有差　釋曰云別尊卑尊者丘高而樹多卑者封下

而樹少故云别尊卑也鄭知王公曰丘諸臣曰封者此無
正文爾雅云土之高者曰丘高丘曰阜是自然之物故屬
之王公也聚土曰封人所造故屬之諸臣若然則公中可
以兼五等也鄭引漢律者周禮立封高下樹木之數無文
以漢法況之也若然案春秋緯云天子墳高三刃樹以松
諸侯半之樹以柏大夫八尺樹以欒草士四尺樹以槐庶
人無墳樹以楊柳鄭不引之者以春秋緯或説異代多與
周禮乖故不引或鄭所不見也王制云庶人不封不樹而
春秋緯云庶人樹以楊柳者以
庶人禮所不制故樹楊柳也

大喪既有日請度甫窆甆遂爲之尸

釋曰大喪謂王喪有日謂葬日天子七
月而葬葬用下旬云請度甫窆者謂冢
人請於冢宰量度始穿地之處也言遂爲尸者因
事曰遂初請量度至葬託祭墓故冢人遂爲尸也

注甫始也請

量度所始窆甆之處地爲尸者成葬爲祭墓地之尸也鄭司
農云既有日既有葬日也始窆甆時祭以告后土冢人爲之

尸　釋曰先鄭以遂爲之尸據始穿時祭墓地冢人爲之

尸後鄭據始穿時無祭事至葬訖成墓乃始祭墓故冢人

爲尸不從先鄭者見小宗伯云卜葬兆甫竁哭之又云既

葬詔相喪祭之禮喪祭謂虞祔下乃云成葬而祭墓爲位

據彼文則初穿地時無祭墓地之事葬訖乃有祭墓地即

此冢爲之尸一也故後鄭不從先鄭若然引之在下者小

宗伯雖無初祭墓地之事

亦得通一義故引之在下　**及竁以度爲丘隧共喪之窆器**　釋曰上經已甫竁祭墓訖此經復云及竁以度爲

丘隧者此更本初欲竁之時先量度作丘作隧道之處廣狹長短疑故文重日

注隧羨道也度丘與羨道廣袤所至窆器下棺豐碑之屬喪大記曰凡封用綍去碑負

引君封以衡大夫以咸　釋曰以窆傳二十五年左傳云

晉文公請隧不許王曰未有代德而有二王則天子有隧

諸侯已下有羨道隧與羨異者隧道則上有負土謂若鄭

莊公與母掘地隧而相見者也羨道上無負土若然隧與

羨別而鄭云隧羨道者對則異散則通故鄭舉羨爲沉也

云下棺豐碑之屬者比案檀弓公肩假云公室視豐碑三

家視桓楹鄭注云豐大也天子斲大木爲碑形如石碑前

後重鹿盧是大碑之事言之屬者仍有六繂之等故引喪

大記也凡封者封即窆謂下棺云執綍去碑負引者謂天

子千人分執六綍諸侯五百人分執四綍其棺當於壙上

執綍者皆負綍背碑以鼓爲節而下之云君封以衡大夫

以咸者衡横也謂以木横之於棺傍乃以綍繫木下棺大

夫以咸者大夫卑不得以木横之直有棺傍咸耳以綍繫

之而下棺也彼諸侯及大夫法但天子無文故引之以爲

證天子之法耳

及葬言鸞車象人

釋曰及至也謂至葬家人語巾車之官將明器鸞車及象人使行向壙

注 鸞車巾車所飾遣車也亦設鸞旗鄭司農云象人謂以芻爲人言言問其不如法度

者玄謂言猶語也語之者告當行若於生存者於是巾車

行之孔子謂爲芻靈者善謂爲俑者不仁非作象人者不

殆於用生乎　釋曰云鸞車巾車所飾遣車也者巾車職
云大喪飾遣車遣車則明器遣送死者之車也云亦設鸞
旗者以其遣車有鸞和之鈴蕃有旌旂經直云鸞車不言
鸞旗故鄭言之以其旌旗在車所建故知有車亦有旗旌
鄭云象人謂以芻爲人者後鄭不從以其上古有芻人至
周不用而用象人則象人與芻靈別也云言閒其不如
法度者此後鄭亦不從以其臨葬不得始問其不如法度
玄謂語之者告當行若於生存者於是巾車行之者遣車
之數依檀弓云諸侯七乘大夫五乘鄭云天子九乘遣車
所載所苞大遣奠大夫苞五个諸侯七个天子當九个今
向壙巾車抱之而行也云孔子謂爲芻靈者善謂爲俑者
不仁非作象人者不殆於用生乎者此檀弓文彼鄭云俑
偶人也謂以爲木人與生人相對偶有似於人此則不仁
又云非作象人不殆於用生乎哉是記人釋孔子語殆近
也言用象人不近於生人乎是孔子善古而非周人也鄭
引此者破先鄭以芻靈與象人爲一若然則古時有塗車

芻靈至周仍存塗車唯改芻靈爲象人

及窆執斧以涖 注臨下棺也 釋曰案鄉師云執斧以涖匠師則此亦臨匠師兩官俱臨者葬事大故二官共臨也

遂入藏凶器 注凶器明器 釋曰因上文窆下棺訖即遂入壙藏明器明器即檀弓云木不成斲瓦不成味琴瑟張而不平竽笙備而不和神明死者之器者也

正墓位蹕墓域守墓禁 釋曰墓位即上文昭穆爲左右是須正之使不失本位墓域即上文兆域是也謂四畔溝兆蹕謂止行人不得近之中墓禁謂禁制不得漫入也 注位謂丘封所居前後也禁所爲塋限 釋曰云丘封所居前後者即上文爲諸侯及有功者居前爲卿大夫士者居後是也云禁所爲塋限者謂禁者以塋域爲限而禁之

凡祭墓爲尸 注祭墓爲尸或禱祈焉鄭司農云爲尸冢人爲尸 釋曰後鄭知此祭墓爲禱祈者上文遂爲尸是墓新成祭后土此文云凡非一

故知謂禱祈也先鄭云爲尸冢人爲尸者上文祭墓謂始穿地時此文據成墓爲尸後鄭以此亦得通一義故引之在下是以禮記檀弓云有司舍奠於墓左彼是成墓所祭亦引此凡祭墓爲尸謟成墓之事也

凡諸侯及諸臣葬於墓者授之兆爲之蹕均其禁釋曰上文惟見王及子孫之墓地不見同姓異姓諸侯之墓地故此經揔見之若然此墓地舊有兆域今新死者隨即授之耳

墓大夫掌凡邦墓之地域爲之圖注凡邦中之墓地萬民所葬地釋曰鄭知邦中之墓地是萬民葬地者以其冢人掌王墓地下文云令國民族葬非有爵者故知經邦墓是萬民若然下云掌其度數鄭云度數爵等之大小而見有爵者謂本爲庶人設墓其有子孫爲卿大夫士其葬不離父祖故

兼見卿大夫士也令國民族葬而掌其禁令注族葬各從其親 釋曰經云族葬則據五服之內親者共爲一所而葬異族即別塋知族是五服之內者見左傳哭諸侯之例云異姓臨於外同姓於宗廟同宗於祖廟同族於禰廟故知族是服內是以鄭云各從其親也正其位掌其度數注位謂昭穆也度數爵等之大小 釋曰凡萬民墓地亦如上文豫有昭穆爲左右故云正其位云度數爵等之大小者亦如冢人云丘封之度與其樹數也使皆有私地域注古者萬民墓地同處分其地使各有區域得以族葬後相容 釋曰知古者墓地同處者上文云族葬是同處云使相容者釋經私地域也凡爭墓地者聽其獄訟注爭墓地相侵區域帥其屬而巡墓厲居其中之室以守之注厲塋限遮列處鄭司農云居

其中之室有官寺在墓中　釋曰云帥其屬者墓大夫
帥下屬官也云巡墓厲者謂墓大夫帥其屬巡行遮列
之處云居其中之室以守之者謂萬民墓地族葬地中
央爲室而萬民各自守之[illegible]先鄭云官寺寺則室也

職喪掌諸侯之喪及卿大夫士凡有爵者之喪

以國之喪禮涖其禁令序其事　釋曰言諸侯者謂
畿內王子母弟得
稱諸侯者若司裘云諸侯共熊侯豹侯者也言凡有爵者
還是卿大夫士言凡以該之耳云序其事者謂若襲斂殯
葬先後　注國之喪禮喪服士喪既夕士虞今存者其餘則
之事　云事謂小斂大斂葬也　釋曰云國之喪禮喪服
服士喪既夕士虞今存者此據儀禮之內見在者而言故
云今存者但士喪禮始死時事既夕葬時事士虞葬訖反
日中而虞事也云其餘則亡者但儀禮本事義三千條其
時有天子諸侯卿大夫士喪與既夕及虞卒哭與祔小祥

大祥禮皆有遭暴秦而亡漢興惟得十七篇高堂生所傳即今儀禮是也故云其餘則亡云事謂小歛大歛葬也者舉大事而言其間仍有襲事亦掌之下文別見祭故此不兼也 **凡國有司以王命有事焉則詔贊主人** 注有事謂含襚贈賵之屬詔贊者以告主人佐其受之鄭司農云凡國謂諸侯國有司謂王有司也以王命有事職喪主詔贊主人玄謂凡國有司有司從王國以王命往 釋曰知有事謂含襚贈賵之屬者春秋云王使榮叔歸含且賵又嫌小傳皆言衣被曰襚貨財曰賻車馬曰賵珠玉曰含明知有含襚贈賵之屬又案士喪禮兼有贈賵無常惟翫好是也不言賻者賻施於生者故亦不言也先鄭云凡國謂諸侯國有司謂王有司也後鄭不從者下文云公有司豈得公分之爲諸侯有司爲王有司乎明此國有司亦不得分之也故後鄭云國有司有司從王國以王命往向喪家者也 **凡其喪祭詔其號治其禮** 釋曰

喪祭餘文皆爲虞此言凡者以其喪中自相對則虞爲喪祭卒哭爲吉祭若對二十八月爲吉祭則祥禫已前皆是喪祭故言凡以該之是以鄭亦不言喪祭爲虞也云治其禮者案大宗伯亦云治其禮鄭云謂簡習其事此治其禮義亦然也

注鄭司農云號謂謚號玄謂告以牲號齍號之屬當以祝之　釋曰先鄭云號謂謚號後鄭不從者小宗伯云小喪賜謚讀誄不在此故後鄭云告以牲號齍號之屬當以祝之有牲號齍號謂若特牲少牢云柔毛剛鬛嘉薦普淖皆是祝辭故云當以祝之也

凡公有司之所共職喪令之趣其事

注令令其當共物者給事之期也有司或言公或言國言國者由其君所來居其官曰公謂王遣使奉命有贈之物各從其官出職喪當催督也　釋曰云令令其當共物者給事之期也者此謂諸官依法合供給喪家者不待王命職喪　遣令之使相供云有司或言公或言國言國者由其君所來者解稱國之意君則王也

云居其官曰公者謂不須王命自居其官之職往供則曰公公謂官之常職也

周禮疏卷第二十四

周禮疏卷第二十五

春官宗伯下　唐朝散大夫行大學博士弘文館學士臣賈公彥等撰

大司樂掌成均之灋以治建國之學政而合國之子弟焉　釋曰云掌成均之灋以治建國之學政者成均五帝學名建立也周人以成均學之舊法式以立國之學內政教也云而合國之子弟焉者大司樂合聚國子弟將此以教之　注鄭司農云均調也樂師主調其音大司樂主受此成事已調之樂玄謂董仲舒云成均五帝之學成均之法者其遺禮可法者國之子弟公卿大夫之子弟當學者謂之國子文王世子曰於成均以及取爵於上尊然則周人立此學之宮　釋曰先鄭云均調也樂師主調其音大司樂主受此成事已調之樂者案樂師惟教國子小舞大司樂教國子大舞其職有異彼樂師

又無調樂音之事而先鄭云樂師主調其音大司樂主受
其成事義理不可且董仲舒以成均爲五帝學故依而用
之玄謂董仲舒云成均五帝之學者前漢董仲舒作春秋
繁露繁多露潤爲春秋作義潤益處多彼云成均五帝學
也云成均之法者其遺禮可法者鄭見經掌成均之法即
是有遺禮可法效乃可掌之故知有遺禮也云國之子弟
公卿大夫之子弟當學者謂之國子者案王制云王大子
王子公卿大夫元士之適子國之俊選皆造焉此不言王
大子王子與元士之子及俊選者引文不具此云弟者則
王子是也自公已下皆適子乃得入也云文王世子曰於
成均以及取爵於上尊者案彼文上云或以德進或以事
舉或以言揚又云曲藝皆誓之以待又語三而一有焉乃
進其等注云進於衆學者又云以其序謂之郊人遠之於
成均以及取爵於上尊也彼鄭注云董仲舒曰五帝名大
學曰成均則虞庠近是也天子飲酒於虞庠則郊人亦得
酌於上尊以相旅鄭引之者證成均是學意若如先鄭以

義解之何得於中飲酒故知先鄭之義非也云然則周人立此學之宮者即虞庠之學是也若然案王制有虞氏名學爲上庠下庠至周立小學在西郊者曰虞庠堯已上當代學亦各有名無文可知但五帝揔名成均當代則各有別稱謂若三代天子學揔曰辟雍當代各有異名也

凡有道者有德者使教焉死則以爲樂祖祭於瞽宗

注道多才藝者德能躬行者若舜命夔典樂教冑子是也死則以爲樂之祖神而祭之鄭司農云瞽樂人樂人所共宗也或曰祭於瞽宗祭於廟中明堂位曰瞽宗殷學也泮宮周學也以此觀之祭於學宮中 釋曰經直言道鄭知是多才藝者以其云道道通物之名是已有才藝通教於學子故知此人多才藝耳但才藝與六藝少別知者見雍也云求也藝鄭云藝多才藝又憲問云冉求之藝文之以禮樂禮樂既是六藝明上云藝非六藝也此教樂之官不得以六藝解之故鄭云道多才藝也云德能躬行

者案師氏注德行外內之稱在心爲德施之爲行彼釋三德三行爲外內此云德能躬行則身內有德又能身行尚書傳說云非知之艱行之惟艱則此人非直能知亦能身行故二者皆使教焉死則以爲樂之祖神而祭之先鄭云瞽樂人者序官上瞽中瞽下瞽皆是瞽矇掌樂事故云瞽樂人樂人所共宗也云或曰祭於瞽宗祭於廟中者此說非故引明堂位爲證是殷學也祭樂祖必於瞽宗者案文王世子云春誦夏弦大師詔之瞽宗以其教樂在瞽宗故祭樂祖還在瞽宗彼雖有學干戈在東序以誦弦爲正文王世子云禮在瞽宗書在上庠鄭注云學禮樂於殷之學功成治定與己同則學禮樂在瞽宗祭禮先師亦在瞽宗矣若然則書在上庠書之先師亦祭於上庠其詩則春誦夏弦在東序則祭亦在東序也故鄭注文王世子云禮有高堂生樂有制氏詩有毛公書有伏生億可以爲之也是皆有先師當祭可知也祭義云祀先賢於西學所以教諸侯之德是天子親祭之不見祭先聖者文不備祭可知

以樂德教國子中和祗庸孝友 釋曰此必使有道有德者教之此是樂中之六德與教萬民者小別 注 中猶忠也和剛柔適也祗敬庸有常也善父母曰孝善兄弟曰友 釋曰此六德其中和二德取大司徒六德之下孝友二德取大司徒六行之上其祗庸二德與彼異自是樂德所加也云中猶忠也和剛柔適也注大司徒與此同祗敬庸有常也並訓而見其義也善父母曰孝善兄弟曰友爾雅釋親文也

以樂語教國子興道諷誦言語 注 興者以善物喻善事道讀曰導導者言古以剴今也倍文曰諷以聲節之曰誦發端曰言荅述曰語 釋曰此亦使有道有德教之云興者以善物喻善事者謂若老狼興周公之輩亦以惡物喻惡事不言者鄭舉一邊可知云道讀曰導者取導引之義故讀從之云導者言古以剴今也者謂若詩陳古以刺幽王厲王輩皆是云倍文曰諷者謂不開讀之云以聲節之曰誦者

此亦皆背文但諷是直言之無吟詠誦則非直背文又爲吟詠以聲節之爲異文王世子春誦注誦謂歌樂歌樂即詩也以配樂而歌故云歌樂亦是以聲節之襄二十九年季札請觀周樂而云爲之歌齊爲之歌鄭之等亦是不依琴瑟而云歌此皆是徒歌曰謠亦得謂之歌若依琴瑟謂之歌即毛云曲合樂曰歌是也云發端曰言荅述曰語者詩公劉云于時言言于時語語毛云直言曰言荅述曰語許氏說文云直言曰論荅難曰語論者語中之別與言不同故鄭注雜記云言言己事爲人說爲語

以樂舞教國子舞雲門大卷大咸大磬大夏大濩大武釋曰此大司樂所教是大舞樂師所教者是小舞案內則云十三舞勺成童舞象舞象謂戈皆小舞又云二十舞大夏即此六舞也特云大夏者鄭云樂之文武中其實六舞皆樂也保氏云教之六樂二官共教者彼教以書此教以舞故共其職也**注**此周所存六代之樂黃帝曰雲

門大卷黃帝能成名萬物以明民共財言其德如雲之所
出民得以有族類大咸咸池堯樂也堯能殫均刑法以儀
民言其德無所不施大磬舜樂也言其德能紹堯之道也
大夏禹樂也禹治水傅土言其德能大中國也大濩湯樂
也湯以寬治民而除其邪言其德能使天子得其所也大
武武王樂也武王伐紂以除其害言其德能成武功 釋
曰案下文以六舞云大合樂明此舞是六代樂必知此六
舞雲門已下是黃帝堯舜夏殷周者並依樂緯及元命包
彼云雲門黃帝樂以下及堯舜等皆陳故知黃帝已下也
云黃帝曰雲門大卷黃帝能成名萬物以明民共財者祭
法文彼云百物不云萬物萬物即百物云言其德如雲之
所出民得以有族類者鄭釋此雲門大卷二名云德如雲
之所出解雲門云民得以有族類解大卷卷者卷聚之義
即族類也故祭法云正名百物以明民是也云大咸咸池
堯樂也堯能殫均刑法以儀民者祭法文彼云義終此云
儀民引其義不引其文云言其德無不施者解咸池之名

咸皆也池施也言堯德無所不施者案祭法注云賞賞善
謂禪舜封禹稷等也義終謂既禪二十八載乃死是也云
大磬舜樂也言其德能紹堯之道也者元命包云舜之民
樂其紹堯之業樂記云韶繼也注云言舜能繼紹堯之德
是也云大夏禹樂也禹治水傅土言其德能大中國也者
案禹貢云敷土敷布也布治九州之水土是敷土之事也樂記
云夏大也注云禹樂名禹能大堯舜之德大中國即是大
堯舜之德也元命包云禹能德並三聖德並三聖即是大
堯舜之德亦一也云大濩湯樂也湯以寬治民而除其邪
者亦祭法文彼云除其災災即邪亦一也或本作邪也云
言其德能使天下得其所也者言護者即救護也救護使
天下得其所也云大武武王樂也武王伐紂以除其害者
亦祭法文彼云災災即害一也云言其德能成武功者此
即克定禍亂曰武也案元命包云文王時民樂其興師征
伐故曰武又詩云文王受命有此武功如是則大武是之
武樂名而亡武王樂者但文王有此武功不卒而崩武王

卒其伐功以誅虐紂是武王成武功故周公作樂以大武
爲武王樂也案樂記云大章章之也注云堯樂名也周禮
闕之或作大卷又云咸池備矣注云黃帝所作樂名也堯
增脩而用之周禮曰大咸與此經注樂名不同者本黃帝
樂名曰咸池以五帝殊時不相沿樂堯若增修黃帝樂體
者存其本名猶曰咸池則此大咸也若樂體依舊不增脩
者則改本名名曰大章故云大章堯樂也周公作樂更作
大卷大卷則大章章名雖堯樂其體是黃帝樂故此大卷
一爲黃帝樂也周公以堯時存黃帝咸池爲堯樂名則更
與黃帝樂名立名名曰雲門則雲門與大卷爲一名故下
文分樂而序之更不序大卷也必知有改樂名之法者按
條牒論云班固作漢書高帝四年作武德之樂又云高帝
廟中奏武德文始注云舜之韶舞名秦始皇二十六年改
名五行舞注云五行本周舞高帝六年改名文始五行之
舞案此知有改樂之法也案孝經緯云伏犧之樂曰立基
神農之樂曰下謀祝融之樂曰屬續又樂緯云顓頊之樂

曰五莖帝嚳之樂曰六英注云能爲五行之道立根莖六英者六合之英皇甫謐曰少昊之樂曰九淵則伏犧巳下皆有樂今此惟存黄帝堯舜禹湯者案易繫辭云黄帝堯舜垂衣裳鄭注云金天高陽高辛遵黄帝之道無所改作故不述焉則此所不存者義亦然也然鄭惟據五帝之中而言則三皇之樂不存者以質故也

以六律六同五聲八音六舞大合樂以致鬼神示以和邦國以諧萬民以安賓客以說遠人以作動物

釋曰鄉來説大司樂敎國子以樂自此巳下論用樂之事也云以六律六同者此舉十二管以表其鍾樂器之中不用管也云大合樂者據薦腥之後合樂之時用之也此所合樂即下云若樂六變若樂八變若樂九變之等彼據祭天下神此據正祭合樂若然合樂在下神後而文退下神樂在後者以下神用一代樂此用六代六代事重故進之

在上若然下神不亞合樂而隔分樂之後者以分樂序之皆用一代此三禘下神亦用一代若不隔分樂恐其相亂且使一變二變之等與分樂所用樂同故三神在下也云以致鬼神示者是據三禘而言云以和邦國巳下亦據三禘之祭各包此數事故鄭引虞書以證宗廟

注 六律合陽聲者也六同合陰聲者也此十二者以銅爲管轉而相生黃鍾爲首其長九寸各因而三分之上生者益一分下生者去一焉國語曰律所以立均出度也古之神瞽考中聲而量之以制度律均鍾言以中聲定律以律立鍾之均大合樂者謂徧作六代之樂以冬日至作之致天神人鬼以夏日至作之致地祇物鬽動物羽蠃之屬虞書云夔曰戛擊鳴球搏拊琴瑟以詠祖考來格虞賓在位羣后德讓下管鼗鼓合止柷敔笙鏞以間鳥獸牄牄簫韶九成鳳皇來儀夔又曰於予擊石拊石百獸率舞庶尹允諧此其於宗廟九奏效應

釋曰云六律合陽聲者也六同合陰聲者也者案大師云掌六律六同以合陰陽之聲是以據

而言焉云此十二者以銅爲管者案典同先鄭云陽律以竹陰律以銅後鄭云皆以銅爲與此注義同也云轉而相生巳下據律歷志而言子午巳東爲上生子午巳西爲下生上生爲陽陽主息故三分益一下生爲陰陰主減故三分去一案律歷志黄鍾爲天統律長九寸林鍾爲地統律長六寸大蔟爲人統律長八寸又云十二管相生皆八八上生下生盡於中呂陰陽生於黄鍾始而左旋八八爲位者假令黄鍾生林鍾是歷八辰自此巳下皆然是八八爲位蓋象八風也國語者案彼景王將鑄無射問律於伶州鳩鳩對曰律所以立均出度古之神瞽考中聲而量之以制度律均鍾百官執義鄭引之者欲取以六律六同均之以制鍾之大小須應律同也故鄭云言以中聲定律以律立鍾之均也云中聲謂上生下生定律之長短度律以律計自倍半而立鍾之均均即是應律長短者也云大合樂者謂徧作六代之樂者此經六樂即上六舞故知徧作六代之樂言徧作樂不一時俱爲待一代訖乃更爲故云徧

作也云以冬日作之至物鬼皆神仕職文案彼注致人鬼於祖廟致物鬼於墠壇蓋用祭天地之明日若然此經合樂據三禘正祭天而引彼天地之小神及人鬼在明日祭之者但彼明旦所祭小神用樂無文彼神既多合樂之時當與此三禘正祭合樂同故彼此文同稱致但據彼正祭祭天地大神無宗廟之祭祭天明日兼祭人鬼與此爲異也云動物羽蠃之屬者鄭不釋邦國之等直釋動物者以尚書不言動物故釋訖乃引尚書鳥獸之等證之也虞書者案古文在舜典是舜祭宗廟之禮案彼鄭注戛櫟也櫟擊鳴球已下數器鳴球即玉磬也搏拊以韋爲之裝之以糠所以節樂云以詠者謂歌詩也云祖考來格者謂祖考之神來至也云虞賓在位者謂舜以爲賓即二王後丹朱也云羣后德讓者謂諸侯助祭者以德讓已上皆宗廟堂上之樂所感也云下管鼗鼓已下謂舜廟堂下之樂故言下云合止柷敔者合樂用柷柷狀如漆筩中有椎摇之所以節樂敔狀如伏虎背有刻以物櫟之所以止樂云笙鏞

以間者東方之樂謂之笙笙生也東方生長之方故名樂爲笙也鏞者西方之樂謂之鏞庸功也西方物熟有成功亦謂之頌頌亦是頌其成也以間者堂上堂下間代而作云鳥獸牄牄者謂飛鳥走獸牄牄然而舞也云簫韶九成鳳皇來儀者韶舜樂也若樂九變人鬼可得而禮故致得來儀儀匹謂致得雄曰鳳雌曰皇來儀止巢而乘匹案此下文六變致象物象物有象在天謂四靈之屬四靈則鳳皇是其一此六變彼九成者其實六變致之而言九者以宗廟九變爲限靈鳥又難致之物故於九成而言耳云夔又曰於予擊石拊石百獸率舞者此於下文别而言之故云又曰夔語舜云磬有大小予擊大石磬拊小石磬則感百獸相率而舞云庶尹允諧者庶衆也尹正也允信也言樂之所感使衆正之官信得其諧和云此其於宗廟九奏之效應者此經揔言三禘大祭但天地大祭效驗無文所引尚書惟有宗廟故指宗廟而言也然尚書云祖考即此經致鬼也虞賓即此經以安賓客羣后德讓即此經邦國

也鳥獸鳳皇等即此經動物也庶尹允諧即此經以諧萬民以説遠人也 **乃分樂而序之以祭以享以祀** 注分謂各用一代之樂 釋曰此與下諸文爲惣目上惣云六舞今分此六代之舞尊者用前代卑者用後代使尊卑有序故云序若然經所先云祭地後云祀天者欲見不問尊卑事起無常故倒文以見義也 **乃奏黃鍾歌大呂舞雲門以祀天神** 釋曰此黃鍾言奏大呂言歌者云奏據出聲而言云歌據合曲而説其實歌奏通也知不言歌歌據堂上歌詩合大呂之調謂之歌者春秋左氏傳云晉侯歌鍾二肆取半以賜魏絳魏絳於是有金石之樂彼據磬列肆而言是不在歌詩亦謂之歌明不據偏歌毛詩也襄四年晉侯饗穆叔云奏肆夏歌文王大明綿亦此類也 **注** 以黃鍾之鍾大呂之聲爲均者黃鍾陽聲之首大呂爲之合奏之以祀天神尊之也天神謂五帝及日月星辰也王者又各以夏正月祀其所

受命之帝於南郊尊之也孝經說曰祭天南郊就陽位是也　釋曰云以黃鍾之鍾大呂之聲者以經云奏奏者奏擊以出聲故據鍾而言大呂經云歌歌者發聲出音故據聲而說亦互而通也言爲均者案下文云凡六樂者文之以五聲播之以八音鄭云六者言其均皆待五聲八音乃成也則是言均者欲作樂先擊此二者之鍾以均諸樂是以鍾師云以鍾鼓奏九夏鄭云先擊鍾次擊鼓論語亦云始作翕如也鄭云始作謂金奏是凡樂皆先奏鍾以均諸樂也必舉此二者以其配合是以鄭云黃鍾陽聲之首大呂爲之合也言合者此據十二辰之斗建與日辰相配合皆以陽律爲之主陰呂來合之是以大師云掌六律六同以合陰陽之聲注云聲之陰陽各有合黃鍾子之氣也十一月建焉而辰在星紀大呂丑之氣也十二月建焉而辰在玄枵大蔟寅之氣也正月建焉而辰在娵訾應鍾亥之氣也十月建焉而辰在析木已後皆然是其斗與辰合也云奏之以祀天神尊之也者以黃鍾律之首雲門又黃帝

樂以尊祭尊故云尊之也云天神謂五帝及日月星辰也者案下云若樂六變天神皆降是昊天則知此天神非天帝也是五帝矣知及日月星者案大宗伯昊天在禋祀中日月星在實柴中鄭注云五帝亦用實柴之禮則日月星與五帝同科此下文又不見日月星別用樂之事故知此天神中有日月星辰可知其司中已下在槱燎中則不得入天神中故下文約與四望同樂也云王者又各以夏正月祀其所受命之帝於南郊尊之也者案易緯乾鑿度云三王之郊一用夏正郊特牲云兆日於南郊就陽位大傳云王者禘其祖之所自出以其祖配之若周郊東方靈威仰之等是王者各以夏正月祀其所受命之帝於南郊特尊之也云孝經說者說即緯也時禁緯故云說引之證與郊特牲義同皆見郊所感帝用樂與祭五帝不異以其所郊天亦是五帝故也　乃奏大蔟歌應鍾舞咸池以祭地示　釋曰地祇卑於天神故降用大蔟陽聲第二及咸池也

注大蔟陽聲第二應鍾爲之合咸池大咸也地祇所祭於北郊謂神州之神及社稷 釋曰云大蔟陽聲第二應鍾爲之合者以黃鍾之初九下生林鍾之初六林鍾之初六上生大蔟之九二是陽聲之第二也大蔟寅之氣也正月建焉而辰在娵訾應鍾亥之氣也而辰在析木是應鍾爲之合也云咸池大咸也者此云咸池上文云大咸以爲一物故云大咸也云地祇所祭於北郊謂神州之神者以其下文若樂八變者是崐崘大地即知此地祇非天地也是神州之神可知案河圖括地象云崐崘東南萬五千里日神州是知神州之神也知祭於北郊者孝經緯文以其與南郊相對故也知及社稷者以六冕差之社稷雖在小祀若祭祭言之大宗伯云以血祭祭社稷五祀五嶽用血與郊同又在五嶽之上故知用樂亦與神州同謂若日月星與五帝同也

乃奏姑洗歌南呂舞大磬以祀四望 釋曰四望又卑於神州故降用陽聲第二及用大磬也 注姑洗陽聲

第三南呂爲之合四望五嶽四鎮四竇此言祀者司中司命風師雨師或亦用此樂與　釋曰云姑洗陽聲第三南呂爲之合者以其南呂上生姑洗之九三是陽聲第三也沽洗辰之氣也三月建焉而辰在大梁南呂酉之氣也八月建焉而辰在壽星是南呂爲之合也云四望五嶽四鎮四竇者以大宗伯五嶽在社稷下山川上此文四望亦在社稷下山川上故知四望是五嶽四鎮四竇也云此言祀者司中司命風師雨師或亦用此樂與者以此上下更不見有司中等用樂之法又案大宗伯天神云祀地祇云祭人鬼云享四望是地祇而不云祭而變稱祀明經意本容司中等神故變文見用樂也無正文故云或與以疑之也

乃奏蕤賓歌函鍾舞大夏以祭山川　注蕤賓陽聲第四函鍾爲之合函鍾一名林鍾　釋曰云蕤賓陽聲第四者應鍾之六三上生蕤賓之九四是陽聲第四也云函鍾爲之合者蕤賓午之氣也五月建焉而辰在鶉首函鍾未之氣也六

月建焉而辰在鶉火是函鍾爲之合也云函鍾一名林鍾者此周禮言函鍾月令云林鍾故云一名林鍾也乃奏

夷則歌小呂舞大濩以享先妣

注夷則陽聲第五小呂爲之合小呂一名中呂先妣姜嫄也姜嫄履大人跡感神靈而生后稷是周之先母也周立廟自后稷爲始祖姜嫄無所妣是以特立廟而祭之謂之閟宮閟神之

釋曰案祭法王立七廟考廟王考廟皇考廟顯考廟祖考廟皆月祭之二祧享嘗乃止不見先妣者以其七廟外非常故不言若祭當與二祧同亦享嘗乃止若追享自然及之矣云夷則陽聲第五者以其大呂之六四下生夷則之九五是陽聲第五也云小呂爲之合者以其小呂巳之氣也四月建焉而辰在實沈夷則申之氣也七月建焉而辰在鶉尾是其合也云小呂一名中呂者此周禮言小呂月令言中呂故云一名中呂也云先妣姜嫄也姜嫄履大人跡感神靈而生后稷者詩云履帝武敏歆毛君義與史記同以爲姜嫄帝嚳妃

履帝武敏歆謂履帝嚳車轍馬跡生后稷后稷爲帝嚳親
子鄭君義依命歷序帝嚳傳十世乃至堯后稷爲堯官則
姜嫄爲帝嚳後世妃而言履帝武敏歆者帝謂天帝也是
以周本紀云姜嫄出野見聖人跡心悅忻然踐之始如有
身動而孕居期生子是鄭解聖人跡與毛異也云是周之
先母者生民詩序云生民尊祖也后稷生於姜嫄文武之
功起於后稷是周之子孫功業由后稷欲尊其祖當先尊
其母故云周之先母也云周立廟自后稷爲始祖姜嫄無
所妃者凡祭以其妃配周立七廟自后稷已下不得更立
后稷父廟故姜嫄無所妃也云是以特立廟而祭之者以
其尊敬先母故特立婦人之廟而祭之云謂之閟宮閟
神之者案閟宮詩云閟宮有侐實實枚枚毛云在周常閉
而無事與此祭先妣義違故後鄭不從是以鄭云特立廟
而祭之但婦人稱宮處在幽靜故名廟爲閟宮據其神則
曰閟神也若然分樂序之尊者用前代其先妣先祖服衮
冕山川百物用玄冕今用樂山川在先妣上者以其山川

外神是自然之神先祖生時曾事之故樂用前代無嫌　乃奏無射歌夾鍾舞大武以享先祖　注無射陽聲之下也夾鍾爲之合夾鍾一名圜鍾先祖謂先王先公　釋曰云無射陽聲之下也者以其夾鍾之六五下生無射之上九是陽聲之下也云夾鍾爲之合者以其夾鍾卯之氣也二月建焉而辰在降婁無射戌之氣也九月建焉而辰在大火亦是其合也云夾鍾一名圜鍾者下文云圜鍾爲宮是一名圜鍾也云先祖謂先王先公者鄭據司服而言但司服以先王先公服異故別言此則先王先公樂同故合說以其俱是先祖故也　凡六樂者文之以五聲播之以八音　注六者言其均皆待五聲八音乃成也播之言被也故書播爲藩杜子春云藩當爲播播讀如后稷播百穀之播　釋曰云六者言其均者謂若黃鍾爲宮自與巳下徵商羽角等爲均其絲數五聲各異也或解以爲均謂樂器八音之等若然何

得先云言其均始云皆待五聲八音乎明言其均者以爲六者各據爲首與下四聲爲均故云皆待五聲八音乃成也云播之言被也者謂若光被四表是取被及之義也子春云播爲后稷播百穀之播者讀從詩云其始播百穀是后稷之事也

凡六樂者一變而致羽物及川澤之示再變而致𧏮物及山林之示三變而致鱗物及丘陵之示四變而致毛物及墳衍之示五變而致介物及土示六變而致象物及天神

經曰此一變至六變不同者據難致易致前後而言案大司徒五地之物生動植但有此但注變猶更也言動物不言植物者據有情可感者而言也注樂成則更奏也此謂大蜡索鬼神而致百物六奏樂而禮畢東方之祭則用大蔟姑洗南方之祭則用㽔賓西方之祭則用夷

則無射北方之祭則用黃鍾爲均焉每奏有所感致和以來之凡動物敏疾者地祇高下之甚若易致羽物既飛又走川澤有孔竅者蛤蟹走則遲墳衍孔竅則小矣是其所以舒疾之分土祇原隰及平地之神也象物有象在天所謂四靈者天地之神四靈之知非德至和則不至禮運曰何謂四靈麟鳳龜龍謂之四靈龍以爲畜故魚鮪不淰鳳以爲畜故鳥不獝麟以爲畜故獸不狘龜以爲畜故人情不失　釋曰云變猶更也者燕禮云終尚書云成此云變孔注尚書云九奏而至不同者凡樂曲成則終更變也終則更奏各據終始而言是以鄭云樂成則更奏也云此謂大蜡索鬼神而致百物者案郊特牲云蜡也者索也歲十二月合聚百物而索饗之也鄭云歲十二月周之正數謂建亥之月也五穀成於神有功故報祭之鄭必知此據蜡祭者此經摠祭百神與蜡祭合聚萬物之神同故知蜡也云六奏樂而禮畢者下云若樂六變則天神皆降此經亦六變致天神故云六奏樂而禮畢也云東方之祭則用大

蕤云云此鄭知四方各别祭用樂不同者以郊特牲云八蜡以記四方又云四方年不順成八蜡不通順成之方其蜡乃通是四方各有八蜡故知四方用樂各别也云每奏有所感致和以來之者摠釋地祇與動之神來雖有遲疾皆由樂和感之云凡動物敏疾者地祇高下之甚者易致者言此欲見先致者皆由其神易致故也云羽物既飛又走川澤有孔竅者者此經羽物共川澤一變致之是其羽物飛川澤有孔竅故也自樂再變已下差緩云蛤蟹走則遲墳衍孔竅則小矣者以其墳衍在丘陵後介物在毛物後由是走遲竅小故也云是其舒疾之分者謂就此羽物以下介物以上先致者疾之分後致者舒之分故有前後也云土祇原隰及平地之神也者此已下說天地及四靈非直以樂兼有德民和乃致也鄭知土祇中有原隰者案大司徒有五地山林已下有原隰今此則經上已說川澤山林丘陵及墳衍訖惟不言原隰故此土祇中有原隰可知也又土祇中有平地者案大宰九職云一曰三農生九穀

後鄭以三農者原隰及平地以其生九穀故知此土祇中
非直有原隰亦有平地之神也若然彼不言原隰而乃云
土祇者欲見原隰中有社稷故鄭君駁異義云五變而致
土祇土祇者五土之揔神謂社是以變原隰言土祇郊特
牲云社祭土而主陰氣是社稱土祇故鄭云土神也云象
物有象在天所謂四靈者以其天神同變致之象者有形
象在天物者與羽臝等同稱物故知有象在天四靈等也
云天地之神四靈之知者天則天神地則土祇故云天地
之神四靈之知也云非德至和則不至者欲見介物已上
皆以樂和感之未必由德此天地四靈非直須樂要有德
至和乃致之也云禮運已下者欲見象物則彼四靈也云
何謂四靈者記人自問自荅案彼注云淰之言閃也言魚
鮪不閃閃畏人也獝狘飛走之貌二者皆據魚鮪不淰不
可於龜更言魚鮪以龜知人情故變言人情不失也案大
司徒山林宜毛物川澤宜鱗物丘陵宜羽物墳衍宜介物
原隰宜臝物此經則以羽物配川澤臝物配山林鱗物配

丘陵毛物配墳衍介物配土祇與大司徒文不類者彼以
所宜而言此據難致易致而說故文有錯綜不同也案月
令孟冬云祈來年於天宗鄭注云此周禮所謂蜡也天宗
日月星鄭以月令祈於天宗謂之蜡則此天神亦是日月
星辰非大天神以蜡祭所祭衆神祭卑不可援尊地神惟
有土祇是以知無天地大神也又尚書云簫韶九成鳳皇
來儀九成乃致象物者鄭以儀爲匹謂止巢而孕乘匹
故九變乃致此直據致其神故與大天神同六變也
凡樂圜鍾爲宮黃鍾爲角大蔟爲徵姑洗爲羽靁
鼓靁鼗孤竹之管雲和之琴瑟雲門之舞冬日
至於地上之圜丘奏之若樂六變則天神皆降可
得而禮矣凡樂函鍾爲宮大蔟爲角姑洗爲徵

南呂爲羽靈鼓靈鼗孫竹之管空桑之琴瑟咸池之舞夏日至於澤中之方丘奏之若樂八變則地示皆出可得而禮矣凡樂黄鍾爲宫大呂爲角大蔟爲徵應鍾爲羽路鼓路鼗陰竹之管龍門之琴瑟九德之歌九磬之舞於宗廟之中奏之若樂九變則人鬼可得而禮矣釋曰此三者皆用一代之樂類上皆是下神之樂列之在下文者以分樂而序之據天地之次神故陳彼天地已下之神并蜡祭訖乃列陳此三禘恐與上雜亂故也言六變八變九變者謂在天地及廟庭而立四表舞人從南表向第二表爲一成一成則一變從

第二至第三爲二成從第三至北頭第四表爲三成舞人各轉身南向於北表之北還從第一至第二爲四成從第二至第三爲五成從第三至南頭第一表爲六成則天神皆降若八變者更從南頭北向第二爲七成又從第二至第三爲八成地祇皆出若九變者又從第三至北頭第一爲九變人鬼可得禮焉此約周之大武象武王伐紂故樂記云且夫武始而北出再成而滅商三成而南四成而南國是疆五成而分陝周公左召公右六成復綴以崇其餘大護已上雖無滅商之事但舞人須有限約亦應立四表以與舞人爲曲別也禮天神必於冬至禮地祇必於夏至之日者以天是陽地是陰冬至一陽生夏至一陰生是以還於陽生陰生之日祭之也至於郊天必於建寅者以其郊所感帝以祈穀實取三陽爻生之日萬物出地之時若然祭神州之神於北郊與南郊相對雖無文亦應取三陰爻生之月萬物秀實之時也言圜丘者案爾雅土之高者曰丘取自然之丘圜者象天圜既取丘之自然則未必要

在郊無問東西與南北方皆可地言澤中方丘者因高以事天故於地上因下以事地故於澤中取方丘者水鍾曰澤不可以水中設祭故亦取自然之丘方象地方故也宗廟不言時節者天地自相對而言至此宗廟無所對謂祫祭也但殷人祫於三時周禮惟用孟秋之月爲之則公羊云大事者何大祫也毀廟之祖陳于大祖未毀廟之主皆升合食于大祖是也天用雲門地用咸池宗廟用大韶者還依上分樂之次序尊者用前代卑者用後代爲差也宗廟用九德之歌者以人神象神生以九德爲政之具故特異天地之神也天地及宗廟並言皆降皆出皆至者以祭尊可以及卑故禮記云大報天而主日配以月是其神多故云皆也天神六變地祇八變人鬼九變者上文四變已上所致有先後者動物據飛走遲疾地神有孔竅大小其土祇及天神有靈智故據至德至和乃可以致今此三者六變已上則據靈異而言但靈異大者易感小者難致故天神六變人鬼九變也 注此三者皆禘大祭也天神

則主北辰地祇則主崐崘人鬼則主后稷先奏是樂以致
其神禮之以玉而祼焉乃後合樂而祭之大傳曰王者必
禘其祖之所自出祭法曰周人禘嚳而郊稷謂此祭天圜
丘以嚳配之圜鍾夾鍾也夾鍾生於房心之氣房心爲大
辰天帝之明堂函鍾林鍾也林鍾生於未之氣未申之位
或曰天社在東井輿鬼之外天社地神也黄鍾生於虚危
之氣虚危爲宗廟以此三者爲宫用聲類求之天宫夾鍾
陰聲其相生從陽數其陽無射無射上生中呂中呂與地
宫同位不用也中呂上生黄鍾黄鍾下生林鍾林鍾地宫
又不用林鍾上生大蔟大蔟下生南呂南呂與無射同位
又不用南呂上生姑洗姑洗地宫林鍾林鍾上生大蔟大蔟下
生南呂南呂上生姑洗人宫黄鍾黄鍾下生林鍾林鍾地
宫又辟之林鍾上生大蔟大蔟下生南呂南呂與天宫之
陽同位又辟之南呂上生姑洗姑洗南呂之合又辟之姑
洗下生應鍾應鍾上生蕤賓蕤賓地宫林鍾之陽也又辟
之蕤賓上生大呂凡五聲宫之所生濁者爲角清者爲徵

羽此樂無商者祭尚柔商堅剛也鄭司農云雷鼓雷鼗皆謂六面有革可擊者也雲和地名也靈鼓靈鼗四面路鼓路鼗兩面九德之歌春秋傳所謂水火金木土穀謂之六府正德利用厚生謂之三事六府三事謂之九功九功之德皆可歌也謂之九歌也玄謂雷鼓雷鼗八面靈鼓靈鼗六面路鼓路鼗四面孤竹竹特生者孫竹竹枝根之末生者陰竹生於山北者雲和空桑龍門皆山名九磬讀當爲大韶字之誤　釋曰云此三者皆禘大祭也者案爾雅云禘大祭不辨天神人鬼地祇則皆有禘稱也祭法云禘黄帝之等皆據祭天於圜丘大傳云王者禘其祖之所自出據夏正郊天論語禘自既灌據祭宗廟是以鄭云三者皆禘大祭也云天神則主北辰地祇則主崐崘人鬼則主后稷者此三者則大宗伯云祀之享之祭之又大宰云祀大神祇及大享亦一也三者恒相將故鄭據此三者之神也云先奏是樂以致其神者致神則下神也用之禮凡祭祀皆先作樂下神乃薦獻薦獻訖乃合樂也云禮之以玉而

祼焉乃後合樂而祭之者云禮之以玉據天地而祼焉據
宗廟以小宰注天地大神至尊不祼又玉人典瑞宗伯等
不見有宗廟禮神之玉是以知禮之以玉據天地則蒼璧
禮天黄琮禮地是也而祼焉據宗廟肆獻祼是也云大傳
曰王者必禘其祖之所自出者謂王者皆以建寅之月郊
所感生帝還以感生祖配之若周郊以后稷配之也引之
者證郊與圜丘俱是祭天之禘郊之禘以后稷配圜丘禘
以嚳配故引祭法禘嚳而郊稷爲證云圜鍾夾鍾也者即
上文夾鍾也云夾鍾生於房心之氣至明堂者案春秋緯
文耀鉤及石氏星經天官之注云房心爲天帝之明堂布
政之所出又昭十七年冬有星孛於大辰公羊傳云大辰
者何大火也大火爲大辰伐爲大辰北辰亦爲大辰夾鍾
房心之氣爲大辰天之出日之處爲明堂故以圜鍾爲天
之宫云函鍾林鍾也者月令謂之林鍾是也云林鍾生於
未之氣未坤之位者林鍾在未八卦坤亦在未故云坤之
位云或曰天社在東井輿鬼之外者案星經天社六星輿

鬼之南是其輿鬼外也天社坤位皆是地神故以林鍾爲地宮也云黃鍾生於虛危之氣者以其黃鍾在子子上有虛危故云虛危之氣也云虛危爲宗廟者案星經虛危主宗廟故爲宗廟之宮也云以此三者爲宮用聲類求之者若十二律相生終於六十即以黃鍾爲首終於南事今此三者爲宮各於本宮上相生爲角徵羽麤細須品或先生後用或後生先用故云聲類求之也云天宮夾鍾陰聲其相生從陽數者其夾鍾與無射配合之物夾鍾是呂陰也無射是律陽也天是陽故宮後歷八相生還從陽數也云無射上生中呂中呂與地宮同位不用也者地宮是林鍾林鍾自與蕤賓合但中呂與林鍾同在南方位故云同位以天尊地卑故嫌其同位而不用之也中呂上生黃鍾黃鍾爲角也黃鍾下生林鍾林鍾地宮又不用亦嫌不用也林鍾上生大蔟大蔟爲徵也大蔟下生南呂與無射同位又不用南呂上生姑洗姑洗爲羽祭天四聲足矣地宮林鍾林鍾上生大蔟大蔟爲角大蔟下生南呂南呂爲羽先

生後用也南吕上生沽洗沽洗爲徵後生先用四聲足矣
人宫黄鍾黄鍾下生林鍾林鍾爲地宫又避之不取也林
鍾上生大蔟大蔟爲徵先生後爲用也大蔟下生南宫南
吕與天宫之陽同位又避之南吕上生沽洗沽洗南吕之
合又避之沽洗下生應鍾應鍾爲羽應鍾上生蕤賓蕤賓
地宫之陽以林鍾是地宫與蕤賓相配合故又避之蕤賓
上生大吕大吕爲角以絲多後生先用也四聲足矣凡言
不用者卑之凡言避之者尊之天宫既從陽數故於本宫
之位人地皆不避之至於南吕沽洗合地於天雖有尊卑
體獻之義故用沽洗天宫之陽所合但人於天尊卑隔絶
故避沽洗天宫之陽所合也鄭必知有避之及不用之義
者以其天人所生有取有不明知之不取者是嫌不用人
鬼不敢者是尊而避之也云凡五聲宫之所生濁者爲角
清者爲徵羽者此揔三者宫之所生以其或先生後用謂
若地宫所生沽洗爲徵後生先用南吕爲羽先生後用人
宫所生大吕爲角後生先用大蔟爲徵先生後用以其後

生絲多用角先生絲少用徵故云凡宮之所生濁者爲角清者爲徵羽也云此樂無商者祭尚柔商堅剛也者此經三者皆不言商以商是西方金故云祭尚柔商堅剛不用若然上文云此六樂者皆文之以五聲並據祭祀而立五聲者凡音之起由人心生單出曰聲雜比曰音從論樂法以五聲言之其實祭無商聲鄭司農云雷鼓雷鼗皆六面靈鼓靈鼗皆四面路鼓路鼗皆兩面者以此三者皆祭祀之鼓路鼗不合與晉鼓等同兩面故後鄭不從也云九德之歌春秋傳云云此文七年趙宣子曰勸之以九歌九功之德皆可歌也謂之九歌六府三事謂之九功水火金木土穀謂之六府正德利用厚生謂之三事注云正德人德利用地德厚生天德此本尚書大禹謨之言賈服與先鄭並不見古文尚書故引春秋也玄謂雷鼓已下八面六面四面者雖無正文以鼖鼓晉鼓等非祭祀鼓皆兩面宗廟尊於晉鼓等故知加兩面爲四面祭地尊於宗廟故知更加兩面爲六面祭天又尊於祭地知更加兩面爲八面是

以不從先鄭也云孤竹竹特生者謂若嶧陽孤桐云孫竹竹枝根之末生者案詩毛傳云枝幹也幹即身也以其言孫若子孫然知枝根末生者云陰竹生於山北者爾雅云山南曰陽山北曰陰今言陰竹故知山北者也云雲和空桑龍門皆山名者以其禹鑿龍門見是山即雲和與空桑亦山可知故不從先鄭雲和地名也云九磬讀當爲大韶者上六樂無九韶而有大韶故破從大韶也

凡樂事大祭祀宿縣遂以聲展之

注叩聽其聲具陳次之以知完不 釋曰凡樂事言凡語廣則不徒大祭祀而已而直言大祭祀者舉大祭祀而言其實中祭祀亦宿縣也但大祭祀中有天神地祇人鬼中小祭祀亦宿縣至於饗食燕賓客有樂事亦兼之矣言宿縣者皆於前宿豫縣之遂以聲展之者謂相扣使作聲而展省聽之知其完否善惡也

王出入則令奏王夏尸出入則令奏肆夏牲出入則

令奏昭夏 釋曰云王出入者據前文大祭祀而言王出入謂王將祭祀初入廟門升祭訖出廟門皆令奏王夏也尸出入謂尸初入廟門及祭祀訖出廟門皆令奏肆夏牲出入者謂二灌後王出迎牲及爓肉與體其犬豕是牲出入皆令奏昭夏先言王次言尸後言牲者亦祭祀之次也 **注** 三夏皆樂章名 釋曰此三夏即下文九夏皆是詩詩與樂爲篇章故云樂章名也 **帥國子而舞** 注當用舞者帥以往 釋曰凡與舞皆使國之子弟爲之但國子人多不必一時皆用當遞代而去故選當用者帥以往爲舞之處也 **大饗不入牲其他皆如祭祀** 釋曰凡大饗有三案禮器云郊血大饗腥鄭云大饗祫祭先王一也彼又云大饗尚腶脩謂饗諸侯來朝者二也曲禮下云大饗不問卜謂揔饗五帝於明堂三也此經云大饗與郊特牲大饗尚腶脩爲一物言不入牲謂饗亦在廟其祭祀則君牽牲入殺今大饗亦在廟諸侯其牲在廟門外殺因即

烹之升鼎乃入故云不入牲也**注**大饗饗賓客也不入牲牲不入亦不奏昭夏也其他謂王出入賓客出入亦奏王夏肆夏釋曰鄭知此大饗是饗賓客者以其不入牲若祭祀大饗牲當入故知饗賓客諸侯來朝者也云其他謂王出入賓客出入亦奏王夏肆夏者則據賓客與尸同奏肆夏案禮器云大饗其王事與又云其出也肆夏而送之鄭注云肆夏當爲陔夏彼賓出入奏肆夏與此大饗賓出入肆夏同而破肆夏爲陔夏者彼鄭注大饗爲祫祭先王祭未有燕而飲酒有賓醉之法與鄉飲酒賓醉而出奏陔夏同故破肆夏爲陔夏此大饗饗諸侯來朝則左傳云饗以訓恭儉設几而不倚爵盈而不飲獻依命數賓無醉理故賓出入奏肆夏與尸出入同也

大射王出入令奏王夏及射令奏騶虞釋曰大射謂將祭祀擇士而射於西郊虞庠學中王有入出之時奏王夏及射奏騶虞之詩爲射節**注**騶虞樂章名在召南之卒章王射以騶虞

爲節　釋曰云騶虞樂章名在召南之卒章者召南卒章云一發五豝于嗟乎騶虞以言君一發其矢虞人驅五豝獸而來喻得賢者多故下樂師注引射義云騶虞者樂官備也是故天子以備官爲節是也　**詔諸侯以弓矢舞**　釋曰此諸侯來朝將助祭預天子大射之時則司樂詔告諸侯射之舞節　注謂執弓挾矢揖讓進退之儀　釋曰案大射云命三耦取弓矢於次三耦皆次第各與其耦執弓搢三挾一个向西階前當階揖升揖當物揖射訖降揖如升射之儀是其舞節也　**王大食三宥皆令奏鍾鼓**　注大食朔月月半以樂宥食時也宥猶勸也　釋曰鄭知大食朔月加牲者案玉藻云天子諸侯皆朔月加牲體之事又知月半者此無正文約士喪禮月半不殷奠則大夫已上有去半殷奠法則知生人亦有月半大食法既言大食令奏若凡常日食則大司樂不令奏鍾鼓亦有樂侑食矣知日食有樂者案膳夫云以樂侑食是常

食也**王師大獻則令奏愷樂**注大獻獻捷於祖愷樂獻功之樂鄭司農說以春秋晉文公敗楚於城濮傳曰振旅愷以入于晉　釋曰案鄭志趙商問大司馬云師有功則愷樂獻于社春官大司樂云王師大獻則令奏愷樂注云大獻獻捷於祖不達異意荅曰司馬云師大獻則獻社以軍之功故獻於社大司樂宗伯之屬宗伯主於宗廟之禮故獻於祖也云愷樂獻功之樂者則晉之振旅愷是也故取先鄭所引於下案僖二十八年晉敗楚於城濮晉振旅愷以入于晉是所據也**凡日月食四鎮五嶽崩大傀異烖諸侯薨令去樂**注四鎮山之重大者謂楊州之會稽青州之沂山幽州之醫無閭冀州之霍山五嶽岱在兗州衡在荊州華在豫州嶽在雍州恒在并州傀猶怪也大怪異烖謂天地奇變若星辰奔霣及震裂爲害者去樂藏之也春秋傳曰壬午猶繹萬入去籥萬言入則去者不入藏之可知　釋曰鄭知四鎮

山之重大者以職方九州州各有鎮山皆曰其大者以爲一州之鎮故云山之重大者也但五州五鎮得入嶽名餘四州不得嶽名者仍依舊爲鎮號故四鎮也自五嶽巳下亦據職方而言以周處鎬京在五嶽外故鄭注康誥云岐鎬處五嶽之外周公爲其於正不均故東行於洛邑合諸侯謀作天子之居是西都無西嶽權立吴嶽爲西嶽爾雅嵩高爲中嶽華山爲西嶽者據東都地中而言即宗伯注是也以嵩與華山俱屬豫州雍州無嶽名此經欲見九州俱有災變之理故注據西都吴嶽爲西嶽而説耳案爾雅霍山爲南嶽案尚書及王制注皆以衡山爲南嶽不同者案郭璞注云霍山今在廬江潛縣西南潛水出焉别名天柱山武帝以衡山遼遠因讖緯皆以霍山爲南嶽故移其神於此今其土俗人皆謂之南嶽南嶽本自以兩山爲名非從近來如郭此言即南嶽衡山自有兩名若其不然則武帝在爾雅前乎明不然也案潛縣霍山一名衡陽山則與衡嶽異名實同也或可荆州之衡山亦與廬江潛縣者别也云大

怪異烖謂天地竒變者此竒變與星辰已下爲德之語也云若星夜奔霣者謂若左氏云歳在星紀而淫於玄枵是其奔霣石於宋五及星霣而雨是其霣也云及震裂爲害者謂若左氏云地震之類云去樂藏之也者以其樂器不縣則藏之令云去樂明知還依本藏之也云春秋傳曰宣八年左氏云辛巳有事于大廟仲遂卒於垂壬午猶繹萬入去籥但卿佐卒輕於正祭故辛巳日不廢正祭重於繹祭當廢之宜公不廢繹故加猶以尤之籥有聲音不入用是以公羊傳云去其有聲廢其無聲鄭荅趙商云於去者爲廢是去者不用廢者入用即萬入是也故鄭云萬言入則去者不入藏之可知以其彼云去其有聲與此經去樂藏之同故引以爲證也

大札大凶大烖大臣死凡國之大憂令弛縣釋曰大札疫癘則左氏傳天昬札瘥是也大凶則曲禮云歳凶年穀不登是也大烖水火則宋大水及天火曰災之類是也大臣死則大夫已上是也凡國之

大憂者謂若禮記檀弓云國亡大縣邑及戰敗之**注**札瘥
類是也令弛縣謂大司樂令樂官弛常縣之樂也癘一
凶凶年也裁水火也弛釋下之若令休兵鼓之爲　釋曰
札瘥癘也者凡瘥病皆癘鬼爲之故言瘥癘也云弛釋下
之若今休兵鼓之爲者樂縣在於虡釋下之與兵鼓縣之
於車上休亦釋下之義相似故舉今以況古但上文云去
樂㩜廟〻其縣之樂去而藏之而不作此文㩜路寢常縣
之樂弛其縣互文以見義也去者藏之亦先弛其縣弛縣
亦去而藏之但路寢
常縣故以縣言之也　**凡建國禁其淫聲過聲凶聲**
慢聲注淫聲若鄭衛也過聲失哀樂之節凶聲亡國之
聲若桑間濮上慢聲惰慢不恭　釋曰經云建國
謂新封諸侯之國樂者移風易俗先當用其正樂以化民
故禁此四者也云淫聲若鄭衛也樂記文鄭則緇衣之詩
説婦人者九篇衛則三衛之詩云期我於桑中之類是也
云過聲失哀樂之節者若玉藻云御瞽幾聲之上下上下

謂哀樂聲人歌詩以察樂之哀樂使得哀樂之節若失哀樂之節則不可也云凶聲亡國之聲若桑間濮上者亦樂記文鄭彼注云濮水之上地有桑間者亡國之音於此之水出也又引史記昔武王伐紂師延東走自沈於濮水衛靈公朝晉過焉夜聞使師涓寫之至晉晉侯燕之謂晉平公曰寡人聞新聲爲公鼓之遂使師涓鼓之晉侯使師曠坐而聽之撫而止之曰昔紂使師延作靡靡之樂武王伐紂師延東走自沈於濮水此淫聲非新聲是其義也云慢聲惰慢不恭者謂若樂記子夏對魏文侯云齊音敖辟喬志即是惰慢不恭者

大喪涖廞樂器

注涖臨也廞興也臨笙師鎛師之屬興樂器也興謂作之也　釋曰鄭知臨笙師鎛師者案笙鎛師皆云喪廞其樂器奉而藏之故知也云之屬者籥師亦云大喪廞其樂器奉而藏之師于亦云大喪廞舞器此不言之即屬中兼之也

及葬藏樂器亦如之

釋曰此臨藏樂器還臨笙師鎛師等故彼皆云奉而

藏之也

周禮疏卷第二十五

周禮疏卷第二十六

唐朝散大夫行太學博士弘文館學士臣賈公彥等撰

樂師掌國學之政以教國子小舞釋曰此樂師教小舞即下文帗舞已下是也此言小舞注謂以年幼少時教之即大司樂教雲門已下爲大舞也注舞內則曰十三舞勺成童舞象二十舞大夏釋曰云謂以年幼少時教之舞對二十已後學大舞鄭知者所引內則文是也云十三舞勺者案彼上文云十年出就外傳又云十三舞勺勺即周頌酌序云酌告成大武也言能酌先祖之道以養天下也鄭注云周公居攝六年所作是也云成童舞象者即周頌序云維清奏象舞注云象舞象用兵時刺伐之舞武王制焉是也此皆詩詩爲樂章與舞人爲節故以詩爲舞也此勺與象皆小舞所用幼少時學之也云二十舞大夏者人年

二十加冠成人而舞大夏大夏夏禹之舞雖舉大夏其實
雲門已下六舞皆學以其自夏以上揖讓而得天下自夏
以下征伐而得天下夏爲文武
中故特舉之可以兼前後也 **凡舞有帗舞有羽**
舞有皇舞有旄舞有干舞有人舞 釋曰此六舞者
即小舞也若天地宗廟正祭用大舞即上分樂序之是也
此小舞案舞師亦陳此小舞云教皇舞帥而舞旱暵之事即
皆據祈請
時所用也 **注** 故書皇作翌鄭司農云帗舞者全羽羽舞者
析羽皇舞者以羽冒覆頭上衣飾翡翠之羽
旄舞者氂牛之尾干舞者兵舞人舞者手舞社稷以帗宗
廟以羽四方以皇辟廱以旄兵事以干星辰以人舞翌
讀爲皇書亦或爲皇玄謂帗析五采繒今靈星舞子持之
是也皇雜五采羽如鳳皇色持以舞人舞無所執以手袖
爲威儀四方以羽宗廟以人山川以干旱暵以皇 釋曰
故書皇作翌鄭司農破翌爲皇也先鄭云帗舞者全羽者

先鄭意以司常有全羽爲旞析羽爲旌相對即以此帗舞爲全羽羽舞爲析羽對解之後鄭破帗舞不破羽舞也云皇舞以羽冒覆頭上衣飾翡翠之羽者此後鄭亦不從之云旄舞者氂牛之尾者案山海經云潘侯之山有獸如牛而節有毛其名曰旄牛注云今旄牛髀脚胡尾皆有長毛故先鄭據而言之云干舞者兵舞者此有干舞舞師有兵舞先鄭以干戈兵事所用故以干舞爲兵舞後鄭亦從之也云人舞者手舞者後鄭亦從之矣自社稷以帗已下至星辰以人舞後鄭從其二不從其四者社稷以帗依舞師辟廱以旄以無正文後鄭從之後鄭云帗析五采繒不從司農者若今者可以言古以漢時有靈星舞子持之而舞故知帗舞亦析五色繒爲之也云皇雜五采羽如鳳皇色持以舞者案山海經鳳皇出丹穴山形似鶴首文曰德背文曰義翼文曰順腹文曰信膺文曰仁又案京房易傳云鳳皇麟前鹿後蛇頸龜背魚尾雞喙鷰翼五采高二尺漢内鳳皇數出五色今皇舞與鳳皇之字同明雜以五采羽

如鳳皇色持之以舞故不從先鄭以羽覆頭上衣飾翡翠之羽也云人舞無所執以手袖爲威儀者此就足先鄭手舞手舞用袖爲威儀也云四方以羽者依舞師云宗廟以人者雖無文宗廟是人鬼故知用人也云山川以干者干舞即兵舞舞師云敎兵舞帥而舞山川之祭祀是也旱暵以皇亦依舞師也

敎樂儀行以肆夏趨以采薺車亦如之環拜以鍾鼓爲節

釋曰此王行迎賓若春夏受贄於朝無迎法受享於廟則迎之若秋冬一受之於廟並無迎法若饗食在廟燕在寢則皆有迎法若然鄭此注據大寢而言則是燕時若享食在廟則與此大寢同也 **注** 敎樂儀敎王以樂出入於大寢朝廷之儀故書趨作跢鄭司農云跢當爲趨書亦或爲趨肆夏采薺皆樂名或曰皆逸詩謂人君行步以肆夏爲節趨疾於步則以采薺爲節若今時行禮於大學罷出以鼓陔爲節環謂旋也拜直拜也玄謂行者謂

於大寢之中趨謂於朝廷爾雅曰堂上謂之行門外謂之趨然則王出既服至堂而肆夏作出路門而采薺作其反入至應門路門亦如之此謂步迎賓客王如有車出之事登車於大寢西階之前反降於阼階之前尚書傳曰天子將出撞黃鍾之鍾右五鍾皆應入則撞蕤賓之鍾左五鍾皆應大師於是奏樂　釋曰鄭知教王以樂出入於大寢之儀者此經先言行後言趨又云環拜據從內向外而言是出時也禮記玉藻云趨以采薺行以肆夏先言趨後言行據從外向內是入時也樂節是同故鄭出入並言也先鄭云肆夏采薺皆樂名者案襄四年穆叔如晉晉侯饗之金奏肆夏杜亦云肆夏樂曲名案鍾師注九夏皆詩之大者載在樂章樂崩從而亡以此言之肆夏亦詩篇名先鄭云或曰皆逸詩得通一義也案玉藻注齊讀如楚茨之茨此齊讀亦從茨可知也玄謂引爾雅者行是門內趨是門外之事也案爾雅云室中謂之時堂上謂之行堂下謂之步門外謂之趨中庭謂之走大路謂之奔但庭中走大路奔

據助祭者而言故詩云駿奔走在廟也今揔言行者謂大寢之中不言堂下步者人之行必由堂下始與行小異大同故略步而言其行也云然則王出既服至堂而肆夏作者是行以肆夏出路門而采薺作是趨以采薺也云其反入至應門路門亦如之者反入至應門即是路門外當奏采薺也入至路門即是門內行肆夏也但王有五門外仍有皐庫雉三門經不言樂節鄭亦不言故但據路門外內而言若以義量之既言趨以采薺即門外謂之趨可揔該五門之外皆於庭中過奏采薺矣云此謂步迎賔客者以其言行與趨是步迎之法可知也云王如有車出之事者則經車亦如之是也但車無行趨之法亦於門外奏采薺門內奏肆夏鄭知有登車於大寢西階之前反降於阼階之前者以書傳云天子將出撞黃鍾之鍾明知出入升降皆在階前可知也必撞黃鍾之鍾者黃鍾在子是陽生之月黃鍾又陽聲之首陽主動出而撞之云右五鍾者謂林鍾至應鍾右是陰陰主靜恐王大動故以右五鍾應黃鍾

是動以告靜者云入則撞蕤賓之鍾左五鍾皆應者蕤賓云午五月陰生之月陰主靜入亦是靜故撞蕤賓之鍾右五鍾謂大呂至中呂左是陽陽主動入靜以告動也云大師於是奏樂者謂王有此出入之時則大師於時奏此采薺肆夏也案曲禮云國君下卿位彼注云出過之而上車入未至而下車彼謂諸侯禮與天子禮異不得升降於階前也

凡射王以騶虞爲節諸侯以貍首爲節大夫以采蘋爲節士以采蘩爲節

釋曰凡此爲節之等者無問尊卑人皆四矢射節則不同故射人云天子九節諸侯七節大夫士皆五節尊卑皆以四節爲乘矢拾發其餘天子五節諸侯三節大夫士一節皆以爲先以聽先聽未射之時作之使射者預聽知射之樂節以其射法須其體比於禮其節比於樂而中多者乃得預於祭故須預聽但優尊者故射前節多也

注騶虞采蘋采蘩皆樂章名在國風召南唯貍首在樂記射義曰騶虞者樂官備也貍首者

樂會時也采蘋者樂循法也采蘩者樂不失職也是故天子以備官爲節諸侯以時會爲節卿大夫以循法爲節士以不失職爲節鄭司農說以大射禮曰樂正命大師曰奏貍首間若一大師不興許諾樂正反位奏貍首以射貍首曾孫　釋曰鄭知云騶虞采蘋采蘩皆樂章名者以其詩爲樂章故也云在國風召南者見關雎已下爲周南鵲巢已下爲召南三篇見在召南卷內也云唯貍首在樂記者案樂記云左射貍首右射騶虞是也案射義亦云貍首曰曾孫侯氏四正具舉小大莫處御於君所不引之者鄭略引其一以證耳云射義已下者證用此篇之義也先鄭引大射者證大師用樂節之事云間若一者謂七節五節之間緩急稀稠如一彼諸侯禮故有樂正命大師此天子禮故樂師命大師也云貍首曾孫者貍首是篇名曾孫章頭即燕義所云是也　**凡樂掌其序事治其樂政**　注序事次序用樂之事　釋曰云凡樂者謂凡用樂之時也云掌其敘事者謂

陳列樂器及作之次第皆序之使不錯謬云治其樂政者謂治理樂聲使得其正不淫放也　凡國之小事用樂者令奏鍾鼓　注小事小祭祀之事　釋曰此小事鄭云小祭祀之事謂王玄冕所祭則天地及宗廟皆有鍾鼓樂師令之若大次二者之樂大司樂令之也此小祭有鍾鼓但無舞故舞師云小祭祀不興舞是也　凡樂成則告備　注成謂所奏一竟書曰簫韶九成燕禮曰大師告于樂正曰正歌備　釋曰云成謂所奏一竟者竟則終也所奏八音俱作一曲終則爲一成則樂師告備如是者六則六成餘八變九變亦然故鄭引書簫韶九成爲證也又引燕禮者欲見彼諸侯燕禮大師告於樂正樂正告於賓與君此天子祭禮亦大師於樂成之時則大師告樂師樂師乃告王彼據燕禮此據祭禮事節相當故引爲證也　詔來瞽皋舞　釋曰到讀之云詔瞽來謂詔告視瞭扶瞽人來入升堂作樂也

皐舞者謂號呼國子舞者使當舞 **注** 鄭司農云鼙當爲鼓皐當爲告呼擊鼓者又告當舞者持鼓與舞俱來也鼓字或作鼙詔來鼙或曰來敕也敕爾鼙率爾眾工奏爾悲誦肅肅雍雍毋怠毋凶玄謂詔來鼙詔視瞭扶鼙者來入也皐之言號告國子當舞者舞 釋曰先鄭破鼙爲鼓後鄭從字或爲鼙於義是但文不足後鄭增成之耳云或曰來敕已下但鼙人無目而云敕爾鼙率爾眾工於義不可且奏爾悲誦等似逸詩不知何從而出故後鄭不從之玄謂詔來鼙者以來爲入案大祝云來鼙令皐舞注云來嘷者皆謂呼之入彼來爲呼之者以彼來上無詔字故以來爲呼之義與此無異也

及徹帥學士而歌徹 釋曰此亦文承祭祀之下亦謂祭末至徹祭器之時樂師帥學士而歌徹但學士主舞瞽人主歌今云帥學士而歌徹者此絕讀之然後合義歌徹之時歌舞俱有謂帥學士使之舞歌者自是瞽人歌雍詩也徹者主宰君婦耳 **注** 學士國子也鄭司農云謂

將徹之時自有樂故帥學士而歌徹玄謂徹者歌雍雍在周頌臣工之什 釋曰鄭云學士國子也者此學士即下大胥職云掌學士之版以待致諸子故知學士是國子國子即諸子是也玄謂徹者歌雍者見論語云三家者以雍徹孔子云相維辟公天子穆穆奚取於三家之堂若然要有辟公助祭幷天子之容穆穆乃可用雍詩徹祭器是大夫及諸侯皆不得用雍故知此云歌徹者歌雍詩也又云雍在周頌臣工之什者從清廟已下皆用頌但此雍在臣工之什內云之什者謂聚十篇爲一卷故云之什也

令相 注令視瞭扶工鄭司農云告當相瞽師者言當罷也瞽師盲者皆有相道之者故師冕見及階曰階也及席曰席也皆坐曰某在斯某在斯曰相師之道與 釋曰此令相之文在祭祀歌徹之下者欲見大小祭祀皆有令相之事故於下摠結之鄭知令相令視瞭扶工者見儀禮扶工者皆稱相以其瞽人無目而稱工故云令視瞭扶工也先鄭引論語者亦見相是扶工也

饗食

諸侯序其樂事令奏鍾鼓令相如祭之儀 釋曰言如祭之儀者非直序樂令鍾鼓令相其中詔來鼓歌徹等皆如之但祭祀歌雍而徹饗食徹器亦歌雍知者下大師與此文皆云大饗亦如祭祀登歌下管故知皆同也

燕射帥射夫以弓矢舞 注射夫衆耦也故書燕爲舞帥爲率射夫爲射矢鄭司農云舞當爲燕率當爲帥射矢書亦或爲射夫 釋曰凡射有三番又天子六耦畿內諸侯四耦畿外諸侯三耦前番直六耦三耦等射所以誘射故也第二番六耦與衆耦俱射第三番又兼作樂經直云射夫鄭知衆耦者以其三番射皆弓矢舞若言六耦等不兼衆耦若言衆耦則兼三耦故鄭據衆耦而言也言執弓矢舞謂射時執弓挾矢及發矢其體比以禮其節比於樂節相應於樂節也

樂出入令奏鍾鼓 注樂出入謂笙歌舞者及其器 釋曰鄭知樂是笙歌已

下者案禮樂記單出曰聲雜比曰音又云雜以干戚羽毛謂之樂凡此笙弁瞽人歌者及國子舞者及器皆須出入故知樂中兼此數事也凡軍大獻教愷歌遂倡之注故書倡爲昌鄭司農云樂師主倡也昌當爲倡書亦或爲倡　釋曰軍事言凡者有大軍旅王自行小軍旅遣臣去故言凡以該之云大獻者謂師克勝獻捷於祖廟也云教愷歌者愷謂愷詩師還未至之時預教瞽矇入祖廟遂使樂師倡道爲之故云遂倡之凡喪陳樂器則帥樂官釋曰喪言凡者王家有大喪小喪皆有明器之樂器故亦然言凡以該之明器之樂器者謂若檀弓云木不成斲瓦不成味琴瑟張而不平竽笙備而不和是也注帥樂官往陳之　釋曰樂官亦謂笙師鎛師之屬厭樂藏之者也云往陳之者謂如既夕禮陳器於祖廟之前庭及壙道東者也及序哭亦如之注哭此樂器亦帥之　釋曰案

小宗伯云及執事眡葬獻器遂哭之注云至將葬獻明器之材又獻素獻成皆於殯門外王不親哭有官代之彼據未葬獻材時小宗伯哭之此序哭明器之樂器文承陳樂器之下而云序哭謂使人持此樂器向壙及入壙之時序哭之也

凡樂官掌其政令聽其治訟 釋曰凡樂官謂此已下大胥至司干皆無聽訟之事則皆樂師聽之耳

大胥掌學士之版以待致諸子 注鄭司農云學士謂卿大夫諸子學舞者版籍也今時鄉戶籍世謂之戶版大胥主此籍以待當召聚學舞者卿大夫之諸子則案此籍以召之漢大樂律曰卑者之子不得舞宗廟之酎除吏二千石到六百石及關內侯到五大夫子先取適子高七尺已上年十二到年三十顔色和順身體脩治者以爲舞人與古用卿大夫子同義 釋曰先鄭知學士謂卿大夫諸子

者案夏官諸子職云掌國子之倅則國中兼有元士之適子不言者以其漢法畢者之子不得舞宗廟之酎則元士之子不入故知卿大夫之諸子也知學舞者下云入學合舞故知也云不得舞宗廟之酎者案月令四月云天子與羣臣飲酎鄭注云酎之言酎謂重釀之酒春酒至此始成作此酎亦謂重釀之酒祭宗廟而用之祭末有相飲之法以宗廟言之云除吏二千石已下在前漢紀注云漢承秦爵二十等五大夫九爵關内侯十九爵列侯二十爵宗廟舞人用貴人子弟與周同故先鄭引以爲證也既云取七尺以上而云十二到三十則十二者誤當云二十至三十何者案鄉大夫職云國中自七尺以及六十野自六尺以及六十有五皆征之案韓詩二十從役與國中七尺同是七尺爲二十矣明不得爲十二也

春入學舍采合舞注春始以學士入學宮而學之合舞等其進退使應節奏鄭司農云舍采謂舞者皆持芬香之采或曰古者士見於君以雉爲摯見於師以菜

爲摯菜直謂疏食菜羹之菜或曰學者皆人君卿大夫之子衣服采飾舍采者減損解釋盛服以下其師也月令仲春之月上丁命樂正習舞釋采仲丁又命樂正入學習樂玄謂舍即釋也采讀爲菜始入學必釋菜禮先師也菜蘋蘩之屬　釋曰云春始以學士入學者歲初貴始云學宫者則文王世子云春誦夏弦皆於東序是也云合舞等其進退使應節奏者謂等其舞者或進或退周旋使應入音奏樂之節合也案月令注春合舞者象物出地皷舞也先鄭解舍采三家之説後鄭皆不從者案王制有釋菜奠幣文王世子又云始立學釋菜不舞不授器舍即釋也采即菜也故以爲學子始入學子始入學釋采禮先師也但學子始入學釋菜禮輕故不及先聖也其先師者鄭注文王世子云若漢禮有高堂生樂有制氏詩有毛公書有伏生知菜是蘋蘩之屬者詩有采蘋采蘩皆采名言之屬者周禮又有芹茆之等亦菜名也

秋頌學合聲　注春使之學秋頌其才藝所爲合聲亦等其曲

折使應節奏　釋曰春者物生之時學子入學秋物成之時
須分也分其才藝高下故鄭云春使之學秋頒其才藝所
爲也云合聲者春爲陽陽主動舞亦動春合舞象物出地
故舞秋爲陰陰主靜聲亦静故秋合聲象秋靜也但舞與
聲遞相合故鄭云合聲亦
等其曲折使應節奏也

以六樂之會正舞位

釋曰
六樂者即六代之樂
六舞雲門之等是也

注大同六樂之節奏正其位使相應
也言爲大合樂習之

釋曰云大
同者解經中會會合即大同也云大同六樂之節奏者謂
六代之舞一一作之使節奏大同而無錯謬故云正其位
使相應也云爲大合樂習之者案月令仲春上丁命樂正
習舞釋采季春云大合樂則此云六樂之會爲季春大合
樂習之也若然此六樂之會與上春入學舍采合舞者別
矣案文王世子云凡大合樂必遂養老注大合樂謂春入
學舍采合舞秋頒學合聲則是合舞合聲與大合樂又爲
一者季春大合樂與合舞合聲實別但春合舞秋合聲對

春大合樂不爲大然於四時而言亦爲大合樂何者文王世子云凡大合樂必遂養老其中含有合舞合聲必知含此二者以其言凡非一案月令仲春習舞釋采天子親往視之季春云大合樂天子親往視之至仲秋合聲雖不云天子親往視之視之可知若然三者天子親往視之同則皆有養老之事則春合舞秋合聲皆得爲大合樂文王世子以大合樂爲合舞合聲解之也

以序出入舞者 注以長幼次之使出入不紕錯 釋曰凡在學皆以長幼爲齒今爲舞者八八六十四人亦須爲舞之處皆當以長幼出入若使幼者在前則爲紕錯故云使出入不紕錯也

比樂官 注比猶校也杜子春云次比樂官也鄭大夫讀比爲庀庀具也録具樂官 釋曰杜子春云次比樂官也者與後鄭同鄭大夫以比爲庀録具樂官者雖與後鄭不同得爲一義故引之在下也

展樂器 注展謂陳數之 釋曰樂器謂鼓鍾笙磬柷敔之等皆當陳列校數

凡祭祀

之用樂者以鼓徵學士注擊鼓以召之文王世子曰大昕鼓徵所以警衆釋曰祭祀言凡者則天地宗廟之祀用樂舞之處以鼓召學士選之當舞者往舞焉舞師云小祭祀不興舞注小祭祀王玄冕所祭則亦不徵學士也序宮中之事

小胥掌學士之徵令而比之觵其不敬者釋曰大胥掌學士之版以待召聚舞者小胥贊大胥爲徵令校比之知其在不仍觵其不敬者也注比猶校也不敬謂慢期不時至也觵罰爵也詩云兕觵其觩釋曰引詩者是周頌絲衣之篇祭末飲酒恐有過失故記罰爵其時無犯非禮角爵觩然陳設而巳引之者證觵是罰爵也

巡舞列而撻其怠慢者注撻猶扶也扶以荆扑釋曰案文十八年齊懿公爲公子也與邴歜之父爭田不勝及即位乃掘而刖之而

使歜僕納閻職之妻而使職驂乘公遊於申池二人浴于池歜以扑抶職職怒歜曰人奪汝妻而不怒一抶汝庸何傷是抶爲撻以荆故云扑也

正樂縣之位王宮縣諸侯軒縣卿大夫判縣士特縣辨其聲

注樂縣謂鍾磬之屬縣於筍虡者鄭司農云宮縣四面縣軒縣去其一面判縣〻去其一面特縣又去其一面四面象宮室四面有牆故謂之宮縣軒縣三面其形曲故春秋傳曰請曲縣繁纓以朝諸侯之禮也故曰唯器與名不可以假人玄謂軒縣去南面辟王也判縣左右之合又空北面特縣縣於東方或於階間而已

釋曰云樂縣謂鍾磬之屬縣於簨簴者凡縣者通有鼓鎛亦縣之鄭直云鍾磬者據下成文而言先鄭云軒縣判縣特縣皆直云去一面不辯所去之面故後鄭增成之也所引春秋傳者案成二年左氏傳云衛孫良夫將侵齊與齊師遇敗仲叔于奚救孫桓子桓子是以免旣衛人賞之以

邑辭請曲縣繁纓以朝許之仲尼聞之曰惜也不如多與之邑唯器與名不可以假人注云諸侯軒縣闕南方形如車輿是曲也引之者證軒爲曲義也玄謂軒縣去南面避王也若然則諸侯軒縣三面皆闕南面是以大射云樂人宿縣于阼階東笙磬西面其南笙鍾其南鑮皆南陳西階之西頌磬東面其南鍾其南鑮皆南陳又云一建鼓在西階之東南面注云言面者國君於其臣備三面爾無鍾磬有鼓而已其爲諸侯則軒縣是其去南面之事也以諸侯大射於臣備三面唯有鼓則大夫全去北面爲判縣可知云特縣縣於東方或於階閒而已者案鄉飲酒記云磬階閒縮霤注云縮從也霤以東西爲從是其階閒也案鄉射云縣於洗東北西面注云此縣謂縣磬也縣於東方避射位也是其東方也云而已者言其少耳

凡縣鍾磬半爲堵全爲肆

釋曰云凡縣鍾磬揔目語也所縣者則半之爲堵全之爲肆是也云堵者若牆之一堵肆者行肆之名二物乃可爲

肆半者一堵半其一肆注鍾磬者編縣之二八十六枚而
故云半爲堵全爲肆也在一虡謂之堵鍾一堵磬一堵
謂之肆半之者謂諸侯之卿大夫士也諸侯之卿大夫半
天子之卿大夫西縣鍾東縣磬士亦半天子之士縣磬而
巳鄭司農云以春秋傳曰歌鍾二肆　釋曰經直言鍾磬
不言鼓鎛者周人縣鼓與鎛之大鍾唯縣一而巳不編縣
故不言之其十二辰頭之零鍾亦縣一而巳今所言縣鍾
磬者謂編縣之二八十六枚共在一簴者也鄭必知有十
六枚在一簴者案左氏隱五年考仲子之宮初獻六羽衆
仲云夫舞所以節八音而行八風故以八爲數樂縣之法
取數於此又倍之爲十六若漏刻四十八箭亦倍十二月
二十四氣故以十六爲數也是以淮南子云樂生於風亦
是取數於八風之義也案昭二十年晏子云六律七音服
注云七律爲七器音黄鍾爲宮林鍾爲徵大簇爲商南呂
爲羽沽洗爲角應鍾爲變宮蕤賓爲變徵外傳曰武王克
商歲在鶉火月在天駟日在析木之津辰在斗柄星在天

黿鶉火及天駟七列也南北之揆七月也鳧氏爲鍾以律計自倍半一縣十九鍾鍾七律十二縣二百二十八鍾爲八十四律此一歲之閏數此服以音定之以一縣十九鍾十二鍾當一月十二月十二辰辰加七律之鍾則十九鍾一月有七律當一月之小餘十二月八十四小餘故云一歲之閏數案大射笙磬西面頌磬東面皆云其南鍾其南鎛北方直有鼓無鍾磬辟射位則三面鍾磬鎛天子宮縣四面鍾磬鎛而已不見有十二縣服氏云十二縣非鄭義也云半之者謂諸侯之卿大夫士也又云諸侯之卿大夫半天子之卿大夫西縣鍾東縣磬者天子諸侯縣皆有鎛今以諸侯之卿大夫士半天子之卿大夫士言之則卿大夫士直有鍾磬無鎛也若有鎛不得半之耳必知諸侯卿大夫分鍾磬爲東西者以其諸侯卿大夫亦稱判縣故知諸侯卿大夫以天子卿大夫判縣之一肆分爲西東也云士亦半天子之士者天子之士直有東方一肆二堵諸侯之士半之謂取一堵或於階間或於東方也先鄭引春秋

者襄十一年鄭賂晉侯歌鍾二肆晉侯以樂之半賜魏絳魏絳於是乎始有金石之樂禮也案彼鄭賂晉侯止有二肆當天子卿大夫判縣故取半賜魏絳魏絳得之分爲左右故云始有金石之樂引之者證諸侯之卿大夫判縣有鍾磬之義也

大師掌六律六同以合陰陽之聲陽聲黄鍾大蔟姑洗蕤賓夷則無射陰聲大吕應鍾南吕函鍾小吕夾鍾皆文之以五聲宫商角徵羽皆播之以八音金石土革絲木匏竹注以合陰陽之聲者聲之陰陽各有合黄鍾子之氣也十一月建焉而辰在星紀大吕丑之氣也十二月建焉

而辰在玄枵大蔟寅之氣也正月建焉而辰在娵訾應鍾
亥之氣也十月建焉而辰在析木沽洗辰之氣也三月建
焉而辰在大梁南呂酉之氣也八月建焉而辰在壽星蕤
賔午之氣也五月建焉而辰在鶉首林鍾未之氣也六月
建焉而辰在鶉火夷則申之氣也七月建焉而辰在鶉尾
中呂巳之氣也四月建焉而辰在實沈無射戌之氣也九
月建焉而辰在大火夾鍾夘之氣也二月建焉而辰在降
婁辰與建交錯貿處如表裏然是其合也其相生則以陰
陽六體爲之黄鍾初九也下生林鍾之初六林鍾又上生
大蔟之九二大蔟又下生南呂之六二南呂又上生姑洗
之九三姑洗又下生應鍾之六三應鍾又上生蕤賔之九
四蕤賔又上生大呂之六四大呂又下生夷則之九五夷
則又上生夾鍾之六五夾鍾又下生無射之上九無射又
上生中呂之上六同位者象夫妻異位者象子母所謂律
取妻而呂生子也黄鍾長九寸其實一籥下生者三分去
一上生者三分益一五下六上乃一終矣大呂長八寸一

百四十三分寸之一百四十大蔟長八寸夾鍾長七寸二千
一百八十七分寸之千七十五姑洗長七寸九分寸之一
中呂長六寸萬九千六百八十三分寸之萬二千九百七
十四蕤賓長六寸八十一分寸之二十六林鍾長六寸夷
則長五寸七百二十九分寸之四百五十一南呂長五寸
三分寸之一無射長四寸六千五百六十一分寸之六千
五百二十四應鍾長四寸二十七分寸之二十文之者以
調五聲使之相次如錦繡之有文章播猶揚也揚之以八
音乃可得而觀之矣金鍾鎛也石磬也土塤也革鼓鼗也
絲琴瑟也木柷敔也匏笙也竹管簫也　釋曰此大師無
目於音聲審故使合六律六同及五聲八音也鄭云以合
陰陽之聲者聲之陰陽各有合者六律爲陽六同爲陰兩
兩相合十二律爲六合故云各有合也云黄鍾子之氣也
十一月建焉而辰在星紀者以經云以合陰陽之聲即言
陽聲黄鍾大蔟沽洗等據左旋而言云陰聲大呂應鍾南
呂等據右轉而説其左右相合之義案斗柄所建十二辰

而右旋日體十二月與月合宿而右轉但斗之所建建在
地一十二辰故言子丑之等辰者日月之會會在天上十二
次故言娵訾降婁之等以十二律是候氣之管故皆以氣
言之耳以黃鍾律之首與大呂合故先言之云辰與建交
錯貿處如表裏然是其合者貿易也謂若詩云抱布貿絲
是貿易也十二月皆先言建後言辰皆覆之亦先言建後
言辰是辰與建交錯貿易處互爲先後如似有表裏然是
其交合也假令十一月先舉黃鍾後言星紀覆之則先舉
大呂後言玄枵十二月皆然義可知也云其相生則以陰
陽六體爲之者向上所說順經六律左旋六同右轉以陰
陽左右爲相合若相生則六律六同皆左旋以律爲夫以
同爲婦婦從夫之義故皆左旋鄭知有陰陽六體法者見
律歷志云黃鍾初九律之首陽之變也因而六之以九爲
法得林鍾林鍾初六呂之首陰之變也皆三天地之法也
是其陰陽六體其黃鍾在子一陽爻生爲初九林鍾在未
二陰爻生得爲初六者以陰故退位在未故曰乾貞於十

一月子坤貞於六月未也云同位者象夫妻異位者象母
子者同位謂若黃鍾之初九下生林鍾之初六俱是初之
第一夫婦一體是象夫婦也異位象子母謂若林鍾上生
大蔟之九二二於第一爲異位象母子但律所生者爲夫
婦呂所生者爲母子十二律呂律所生者常同位呂所生
者常異位故云律取妻而呂生子也故曰黃鍾爲天統律
長九寸林鍾爲地統律長六寸大蔟爲人統律長八寸林鍾
位在未得爲地統者以未衝丑故也志又云十二管相生
皆八八上生下生盡於中呂陰陽相生自黃鍾始而左旋
八八爲伍又云皆參天兩地之法也注云三三而九二三
而六上生下生皆以九爲法九六陰陽夫婦子母之道律
取妻而呂生子天地之情也六律六呂而十二辰立矣五
聲清濁而十日行矣鄭注皆取義於名也云黃鍾長九寸
其實一籥者亦律歷志文案彼云子穀秬黍中者千有二
百其實一籥彼又云黃鍾者律之實也云下生者三分去
一上生者三分益一者子午巳東爲上生子午巳西爲下

生東爲陽陽主其益西爲陰陰主其減故上生益下生減必以三爲法者以其生故取法於天之生數三也云大吕長八寸二百四十三分寸之一百四者以黄鍾之律爲本以八相生下生林鍾林鍾上生大蔟大蔟下生南吕已後皆然以此爲次今鄭以黄鍾大吕大蔟等相比爲次第不依相生爲次第者鄭意既以上生下生得寸數長短乃依十二辰次第而言耳此之寸數所生以黄鍾長九寸下生林鍾三分減一去三寸故林鍾長六寸林鍾上生大蔟三分益一六寸益二寸故大蔟長八寸此三者以爲三統故無餘分大蔟下生南吕三分減一八寸取六寸減二寸得四寸在餘二寸寸爲三分合爲六分去二分四分在取三分爲一寸添前四寸爲五寸餘一分在是南吕之管長五寸三分寸之一也南吕上生姑洗三分益一五寸取三寸益一寸爲四寸又餘二寸者爲十八分又以餘一分者爲三分添前十八分爲二十一分益七分爲二十八分取二十七分爲三寸添前四寸爲七寸餘一分在是爲姑洗

之管長七寸九分寸之一沽洗下生應鍾三分去一取六寸去二寸得四寸又以餘一寸者爲二十七分餘一分者爲三分添二十七分爲三十分減十分餘二十分應鍾之管長四寸二十七分寸之二十自此已下相生皆以爲三分數而爲減益之法其義可知故不具詳也云文之者以調五聲使之相次如錦繡之有文章者謂據律呂以謂五聲相次如錦繡有文章故名五聲爲文也此即八十一絲爲宮七十二絲爲商之等是也又云播猶揚也揚之以八音乃可得而觀之矣者五聲以律呂調之其八音亦使與律呂相應八音亦合五聲則絲是一但其聲發揚出聲故云播揚也云可得觀者義取左氏季札請觀周樂故以觀言之也云金鍾鑄已下鄭以義約之案下瞽矇職云播鼗柷敔塤簫管弦歌眡瞭職云掌擊頌磬笙磬磬師掌擊編鍾鼓人掌教六鼓笙師掌教吹笙是樂器中有此鍾磬等八者鍾鑄以金爲之磬以石爲之塤以土爲之鼓鞉以革爲之柷敔以木爲之笙以匏竹於匏但匏笙一也故鄭以

笙解匏簫管以竹爲之故以鍾磬等釋金石等八音
但匏笙亦以竹爲之以經別言匏故匏不得竹名也

教六詩曰風曰賦曰比曰興曰雅曰頌

釋曰案詩上下唯有風雅頌是詩之名也但就三者之中有比賦興故摠謂之六詩也

注 教教瞽矇也風言賢聖治道之遺化也賦之言鋪直鋪陳今之政教善惡比見今之失不敢斥言取比類以言之興見今之美嫌於媚諛取善事以喻勸之雅正也言今之正者以爲後世法頌之言誦也容也誦今之德廣以美之鄭司農云古而自有風雅頌之名故延陵季子觀樂於魯時孔子尚幼未定詩書而曰爲之歌邶鄘衛曰是其衛風乎又爲之歌小雅大雅又爲之歌頌論語曰吾自衛反魯然後樂正雅頌各得其所時禮樂自諸侯出頗有謬亂不正孔子正之曰比曰興比者比方於物也興者託事於物

釋曰鄭知此教是教瞽矇者案下瞽矇職云諷誦詩故知教者教瞽矇也云風言賢聖治道之遺化也者但風是十

五國風從關雎至七月則是摠號其中或有刺責人君或有褒美主上今鄭云言賢聖治道之遺化者鄭據二南正風而言周南是聖人治道遺化召南是賢人治道遺化自邶鄘已下是變風非賢聖之治道者也云賦之言鋪直鋪陳今之政教善惡者凡言賦者直陳君之善惡更假外物爲喻故云鋪陳者也云比見今之失不敢斥言取比類以言之興見今之美嫌於媚諛取善事以喻勸之者謂若關雎興后妃之類是也云雅正也言今之正者以爲後世法者謂若鹿鳴文王之類是也云頌之言誦也容也誦今之德廣以美之者凡言頌者美盛德之形容以其成功告於神明謂若清廟頌文王之樂歌之類是也鄭司農云古而自有風雅頌之名已下後鄭從之故不破若然此經有風雅頌則在周公時明不在孔子時矣而先鄭引春秋爲證者以時人不信周禮者故以春秋爲證以與春秋同明此是周公所作耳案襄二十九年季札聘魯請觀周樂爲之歌邶鄘衛小雅大雅及頌等先鄭彼注云孔子自衛反魯

然後樂正雅頌各得其所自衛反魯在哀公十一年當此時雅頌未定而云爲歌大雅小雅頌者傳家據已定錄之言季札之於樂與聖人同與此注違者先鄭兩解雖然據此經是周公時已有風雅頌則彼注非也

以六德爲之本

注所教詩必有知仁聖義忠和之道乃後可教以樂歌　釋曰凡受教者必以行爲本故使先有六德爲本乃可習六詩也案大司徒職云以鄉三物教萬民一曰六德知仁聖義忠和又案師氏以三德教國子至德敏德孝德此旣教瞽矇故取教萬民之六德以釋之耳

以六律爲之音

注以律視其人爲之音知其宜何歌子貢見師乙而問曰賜也聞樂歌各有宜若賜者宜何歌此問人性也本人之性莫善於律　釋曰鄭云以律視其人爲之音知其宜何歌者則大師以吹律爲聲又使其人作聲而合之聽人聲與律呂之聲合謂之爲音或合宮聲或合商聲或合角徵羽之聲聽其人之聲則知宜歌何詩若然經云以六律爲之

音據大師吹律共學者之聲合乃爲音似若曲合樂曰歌之類也云子貢已下樂記文師乙乃魯之大師瞽之無目知音者也故子貢不自審就師乙而問之云此問人之性者謂子貢所問問人之性性即性宜見於聲氣故云本人之性莫善於律也引之者證以六律爲音本人性所宜之事也**大祭祀帥瞽登歌**

令奏擊拊 釋曰謂凡大祭祀之時大師有此一事言帥瞽登歌者謂下神合樂皆升歌清廟故將作樂時大師帥取瞽人登堂於西階之東北面坐而歌者與瑟以歌詩也令奏擊拊者拊所以導引歌者故先擊拊瞽乃歌也歌者出聲謂之奏故云奏也**注**擊拊瞽乃歌也故書拊爲付鄭司農云登歌歌者在堂也付字當爲拊書亦或爲拊樂或當擊或當拊登歌下管貴人聲也玄謂拊形如鼓以韋爲之著之以糠 釋曰鄭云擊拊瞽乃歌也者見經云令奏擊拊故知擊拊乃歌也先鄭云樂或當擊或當拊者先鄭之意擊拊謂若尚書云擊石拊石皆

是作用之名拊非樂器後鄭不從者此擊拊謂若下文鼓
朄及擊應鼙之類彼朄鼙是樂器則知此拊亦樂器也玄
謂拊形如鼓以韋爲之著之以糠者此破先鄭拊非樂器
知義如此者約白虎通引尚書大傳云拊革裝之以糠今
書傳無者　釋曰凡樂歌
在三逸中　**下管播樂器令奏鼓朄**　者在上匏竹
在下故云下管播樂器樂器即笙簫及管皆是出聲曰播
謂播揚其聲令奏鼓朄者奏即播亦一也欲令奏樂器之
時亦先擊鼓朄管乃作也特言管者貴人氣也鄭司農
云朄導之也　注云下管吹管者在堂下朄小鼓也先擊小鼓
乃擊大鼓小鼓爲大鼓先引故曰朄朄讀爲道引之引玄謂鼓
朄猶言擊朄詩云應朄縣鼓　釋曰鄭云鼓朄管乃作也
者亦如上注擊拊聲乃歌云特言管者貴人氣也者以管
簫皆用氣故云貴人氣若然先鄭云登歌下管貴人聲此
後鄭云特言管者貴人氣不同者各有所對若以歌者在
上對匏竹在下歌用人人聲爲貴故在上若以匏竹在堂

下對鍾鼓在庭則匏竹用氣貴於用手故在階閒也後鄭云鼓鞞猶言擊鞞者此上下文拊與鼓皆言擊則此鼓謂出聲亦擊之類也詩應鞞縣鼓周頌有瞽篇也**大饗亦如之**釋曰此大饗謂諸侯來朝即大行人上公三饗侯伯再饗子男一饗之類其在廟行饗之時作樂與大祭祀同亦如上大祭祀帥瞽登歌下管樂器令奏皆同故云亦如之凡祭祀大饗及賓射外歌下管一皆大師令奏小師佐之其鍾鼓則大祝令奏故大祝云隨釁逆尸令鍾鼓侑亦如之若賓射及饗鍾鼓亦當大祝令之與祭祀同也其小祭祀及小賓客文不見或無外歌之樂其外祭祀山川社稷皆准大祭祀令奏也**大射帥瞽而歌射節**注射節王歌騶虞釋曰言射節者謂若射人所云樂以騶虞九節貍首七節采蘋采蘩五節之類則大師爲之歌也**大師執同律以聽軍聲而詔吉凶**注大師大起軍師兵書曰

王者行師出軍之日授將弓矢士卒振旅將張弓大呼大師吹律合音商則戰勝軍士強角則軍擾多變失士心宮則軍和士卒同心徵則將急數怒軍士勞羽則兵弱少威明鄭司農說以師曠曰吾驟歌北風又歌南風南風不競多死聲楚必無功　釋曰兵書者武王出兵之書云合音商則戰勝軍士強者商屬西方金金主剛斷故兵士強也多角則軍擾多變失士心者東方木木主曲直故軍士擾多變失士心宮則軍和士卒同心者中央土土主生長又載四行故軍士和而同心徵則將急數怒軍士勞者南方火火主熛怒故將急數怒羽則兵弱少威明者北方水水主柔弱又主幽闇故兵弱少威明也先鄭引師曠曰者案襄公十八年楚子使子庚帥師侵鄭左傳曰甚雨及之楚師多凍役徒幾盡晉人聞有楚師師曠曰不害吾驟歌北風又歌南風南風不競多死聲楚必無功注云北風夾鍾無射以北南風沽洗南呂以南南律氣不至故死聲多吹律而言歌與風者出聲曰歌以律是候氣之管氣則風也

故言歌風引之者謚吹律知吉凶之事也**大喪帥瞽而廞作匶謚**釋曰大喪言凡則大喪中兼王后雖婦從夫謚亦須論行乃謚之言帥瞽者即帥瞽矇歌王治功之詩廞作匶謚者匶即柩也古字通用之以其與諭王治功之詩爲柩作謚故云廞作柩謚是以瞽矇職云諷誦詩謂作謚時**注**廞興也興言王之行謂諷誦其治功之詩故書廞爲淫鄭司農云淫陳也陳其生時行迹爲作謚 釋曰云廞興也者先鄭以從古書廞作淫淫陳也周禮之內先鄭皆從淫爲陳後鄭皆爲興引之在下者以無正文亦得爲一義故也凡作謚謂將葬時故檀弓云公叔文子卒其子戍請於君曰日月有時將葬矣請所以易其名者曾子問云賤不誄貴幼不誄長天子稱天以誄之引公羊傳制謚於南郊是也**凡國之瞽矇正焉**注從大師之政教 釋曰大師是瞽人之中樂官之長故瞽矇屬焉而受其政教也

周禮疏卷第二十六

周禮三十六